CONCOURS, EXAMENS & ENTRETIENS 2024

1 000 QCM

POUR TOUT SAVOIR SUR L'ACTUALITÉ

TESTEZ-VOUS !

Tous les événements incontournables

Rémi Pérès

Vuibert

Conception de la couverture et de l'intérieur : Séverine Tanguy.
Adaptation de la couverture : Primo&Primo/Les PAOISTES.
Mise en page : Grafatom
Crédit photographique de couverture : © Imago/Alamy banque d'images

ISBN : 978-2-311-21857-2

SOMMAIRE

CULTURE ET SCIENCES

PARTIE 4

SPORT

PARTIE 5

PARTIE 1

ÉCONOMIE ET SOCIÉTÉ

QCM

1 En 2023, quel pays dispose du plus grand nombre de sites de production de substances pharmaceutiques actives dans les médicaments commercialisés dans l'Union européenne ?

❍ **a.** La Chine
❍ **b.** L'Inde
❍ **c.** La Suisse
❍ **d.** Les États-Unis

2 En 2023, quelle est la part de la production mondiale de substances actives pour les médicaments réalisée en dehors de l'Union européenne ?

❍ **a.** 60 % ❍ **b.** 70 % ❍ **c.** 80 % ❍ **d.** 90 %

3 Quel est le principal type de médicaments produit en France en 2023 ?

❍ **a.** Les vaccins
❍ **b.** Les génériques
❍ **c.** Les médicaments non remboursés
❍ **d.** Les principaux médicaments à l'hôpital

4 Qui est, en 2023, le président de la Réserve fédérale américaine, l'équivalent de la banque centrale des États-Unis ?

❍ **a.** Jerome Powell ❍ **b.** Alan Greenspan
❍ **c.** Janet Yellen ❍ **d.** Ben Bernanke

5 Qui est, en 2023, le gouverneur de la Banque de France ?

❍ **a.** Christian Noyer ❍ **b.** Jean-Claude Trichet
❍ **c.** François Villeroy de Galhau ❍ **d.** Pierre Moscovici

6 Quel est le mandat du gouverneur de la Banque de France ?

❍ **a.** 5 ans non renouvelable
❍ **b.** 4 ans, renouvelable deux fois
❍ **c.** 6 ans, renouvelable une fois
❍ **d.** La durée est variable et dépend de la décision du président de la République

7 Quel est le rôle de la Banque des règlements internationaux ?

❍ **a.** Ses missions ont quasiment totalement disparu en raison de la création de la Banque centrale européenne
❍ **b.** Elle fusionne avec la Banque mondiale
❍ **c.** Elle a en charge le contrôle de l'évolution des principales devises dans le monde
❍ **d.** Elle est considérée comme la « banque des banques centrales »

8 Où est le siège de la Banque des règlements internationaux ?

❍ **a.** Genève
❍ **b.** Bâle
❍ **c.** Francfort
❍ **d.** Luxembourg

9 Où est le siège de la Banque centrale européenne ?

❍ **a.** Genève
❍ **b.** Bâle
❍ **c.** Francfort
❍ **d.** Luxembourg

10 En 2023, quelle est la situation de Taïwan par rapport à l'OMC ?

❍ **a.** Taïwan est membre de l'OMC
❍ **b.** Taïwan est candidat à l'entrée à l'OMC
❍ **c.** La Chine s'oppose à l'entrée de Taïwan à l'OMC
❍ **d.** Taïwan est membre observateur à l'OMC

11 Chaque 9 décembre est célébrée en France la journée de la laïcité. Pourquoi cette date a-t-elle été retenue ?

❍ **a.** C'est l'anniversaire de la promulgation de la Constitution de la Ve République

❍ **b.** C'est l'anniversaire de l'édit de Nantes, édit de tolérance promulgué en avril 1598 par le roi de France Henri IV, pour mettre fin aux guerres de Religion

❍ **c.** C'est l'anniversaire de la promulgation de la loi de 1905 sur la séparation des Églises et de l'État

❍ **d.** C'est l'anniversaire de la promulgation de la loi Jules Ferry de 1882 sur l'éducation gratuite et laïque

12 Quelle est la première entreprise de transport ferroviaire en Europe en 2023 ?

❍ **a.** RZD (Russie)

❍ **b.** Deutsche Bahn (Allemagne)

❍ **c.** SNCF (France)

❍ **d.** Thello (Italie)

13 Quelle entreprise est, en 2022, le premier producteur de smartphones au monde ?

❍ **a.** Samsung ❍ **b.** Huawei ❍ **c.** Apple ❍ **d.** Xiaomi

14 Début 2023, quel est le taux d'activité des jeunes hommes de 15 à 24 ans, en France ?

❍ **a.** 32 % ❍ **b.** 42 % ❍ **c.** 48 % ❍ **d.** 53 %

15 En France, en 2023, quel est l'âge moyen du premier mariage d'un homme et d'une femme respectivement ?

❍ **a.** 31,8 et 30,5 ❍ **b.** 33,2 et 31,6

❍ **c.** 34,1 et 31,9 ❍ **d.** 36,2 et 33,4

16 En 2023, le taux de divorce en France est :

❍ **a.** L'un des plus élevés des pays de l'Union européenne

❍ **b.** Supérieur au taux allemand

❍ **c.** Supérieur au taux espagnol

❍ **d.** L'un des plus faibles des pays de l'Union européenne

17 **En 2023, le nombre de personnes qui composent un ménage français est de :**

❍ **a.** 2,2 ❍ **b.** 2,5 ❍ **c.** 3,4 ❍ **d.** 3,8

18 **En 2023, la proportion des familles monoparentales sur l'ensemble des ménages est de :**

❍ **a.** 5 %
❍ **b.** 25 %
❍ **c.** 15 %
❍ **d.** 20 %

19 **En 2023, l'indicateur de fécondité français est :**

❍ **a.** Le plus élevé des pays de l'Union européenne
❍ **b.** Inférieur au taux allemand
❍ **c.** Inférieur au taux espagnol
❍ **d.** Le plus faible des pays de l'Union européenne

20 **Quelle est l'espérance de vie d'un jeune homme et d'une jeune femme nés en l'an 2000 ?**

❍ **a.** 72 ans pour un homme et 81 ans pour une femme
❍ **b.** 75 ans pour un homme et 83 ans pour une femme
❍ **c.** 78 ans pour un homme et 85 ans pour une femme
❍ **d.** 80 ans pour un homme et 86 ans pour une femme

21 **Quelle est la part du PIB consacrée à la Dépense intérieure d'éducation en 2023 ?**

❍ **a.** 5,5 % ❍ **b.** 6,8 %
❍ **c.** 8,2 % ❍ **d.** 10,1 %

22 **Au début de l'année 2023, quels sont les taux d'activité respectifs des femmes et des hommes en France (en %) ?**

❍ **a.** 65 et 73 ❍ **b.** 68 et 76
❍ **c.** 72 et 79 ❍ **d.** 74 et 81

23 **Quel est, approximativement, en 2023, l'effectif total de la fonction publique en France ?**

❍ **a.** 2 800 000 salariés
❍ **b.** 3 700 000 salariés
❍ **c.** 4 400 000 salariés
❍ **d.** 5 700 000 salariés

24 **Début 2023, quel est le coût de la main-d'œuvre par heure en euros en France ?**

❍ **a.** 26,8 ❍ **b.** 31,2 ❍ **c.** 40,7 ❍ **d.** 44,2

25 **Concernant le coût de la main-d'œuvre française horaire en euros en 2023, quelle est la proposition correcte ?**

❍ **a.** Il est supérieur au niveau de coût allemand
❍ **b.** Il est supérieur au niveau de coût belge
❍ **c.** Il est inférieur au niveau de coût du Royaume-Uni
❍ **d.** Il est identique au niveau de coût danois

26 **En 2023, le rapport démographique (nombre de cotisants/nombre de retraités) s'élève à :**

❍ **a.** 3,6 ❍ **b.** 2,9 ❍ **c.** 2,1 ❍ **d.** 1,8

27 **Selon une étude de l'Observatoire français des drogues et des tendances additives de début 2023, quelle est la part des Français âgés de 18 à 64 ans qui ont eu un usage de cannabis durant l'année 2021 ?**

❍ **a.** 3,1 % ❍ **b.** 5,9 %
❍ **c.** 10,6 % ❍ **d.** 18,9 %

28 **Quel est, en France en 2023, le principal type de condamnation prononcé par la justice ?**

❍ **a.** Les atteintes à la personne
❍ **b.** Les atteintes aux biens
❍ **c.** La circulation routière et les transports
❍ **d.** Les infractions liées aux stupéfiants

29 Quels sont les trois critères pour qu'un médicament obtienne une autorisation de mise sur le marché d'un médicament (AMM) ?

❍ **a.** Qualité, sécurité et efficacité
❍ **b.** Qualité, sécurité et propreté
❍ **c.** Financement, efficacité et apparence
❍ **d.** Rentabilité, sécurité et efficacité

30 Quel pays de l'Union européenne a, en 2023, le nombre de décès par million d'habitants le plus élevé ?

❍ **a.** L'Italie
❍ **b.** L'Espagne
❍ **c.** La Roumanie
❍ **d.** La France

31 Quelle est, en France en 2023, la profession de santé la plus importante quantitativement ?

❍ **a.** Les pharmaciens
❍ **b.** Les médecins
❍ **c.** Les infirmiers
❍ **d.** Les chirurgiens-dentistes

32 Quelle est, en France en 2023, la densité des médecins pour 1 000 habitants ?

❍ **a.** 2,3 ❍ **b.** 3,4 ❍ **c.** 4,5 ❍ **d.** 5,7

33 Quelle est, en France en 2022, la densité en lits d'hôpital pour 1 000 habitants ?

❍ **a.** 2,5 ❍ **b.** 4,7 ❍ **c.** 6 ❍ **d.** 8,1

34 Concernant la densité en lits d'hôpital pour 1 000 habitants en 2022, quelle est la proposition correcte ?

❍ **a.** L'Allemagne a une densité inférieure à la France
❍ **b.** La France a une densité supérieure à la Corée du Sud
❍ **c.** Les États-Unis ont la densité la plus faible des grands pays développés
❍ **d.** La France et l'Espagne ont une densité équivalente

35 **Quel est le montant alloué à la Loi de programmation militaire pour la période 2024-2030 ?**

❍ **a.** 95 milliards d'euros ❍ **b.** 180 milliards d'euros
❍ **c.** 305 milliards d'euros ❍ **d.** 413 milliards d'euros

36 **Quelle est la part de la population française de 25 à 64 ans qui dispose d'un diplôme du supérieur en 2023 ?**

❍ **a.** 26,5 % ❍ **b.** 31,2 % ❍ **c.** 36,6 % ❍ **d.** 44,4 %

37 **Quel pays de l'Union européenne a, au sein de sa population de 25 à 64 ans, le taux de diplôme supérieur le plus élevé en 2023 ?**

❍ **a.** La France
❍ **b.** L'Allemagne
❍ **c.** L'Irlande
❍ **d.** Les Pays-Bas

38 **Quel est, début 2023, le nombre de jeunes NEET (jeunes ni en emploi, ni en études, ni en formation) ?**

❍ **a.** 600 000
❍ **b.** 900 000
❍ **c.** 1 400 000
❍ **d.** 2 000 000

39 **Quelle institution a pris, en février 2023, le contrôle d'Orpea, l'un des principaux groupes français d'EHPAD ?**

❍ **a.** La Banque Publique d'Investissement
❍ **b.** La MAIF
❍ **c.** La Caisse des Dépôts
❍ **d.** La Société Générale

40 **Quel est le premier poste contribuant au déficit du commerce extérieur de la France en 2023 ?**

❍ **a.** Chimie
❍ **b.** Hydrocarbures
❍ **c.** Industries agroalimentaires
❍ **d.** Métallurgie

41 Quel est, en France en 2023, le niveau de dispersion des revenus (mesuré par l'écart interdécile D9/D1) ?

❍ **a.** 3,6 ❍ **b.** 4,2 ❍ **c.** 5,3 ❍ **d.** 6,9

42 En 2023, Xavier Niel a candidaté, en vain, auprès de l'Autorité de régulation de la communication audiovisuelle et numérique (Arcom, ex-CSA) pour racheter la fréquence de la chaîne M6. Comment devait s'appeler cette « nouvelle » chaîne ?

❍ **a.** 6 ❍ **b.** New6 ❍ **c.** Public 6 ❍ **d.** SIX

43 Quel est, en 2023, le niveau des différents impôts sur la production frappant les entreprises par rapport à celui de l'impôt sur les sociétés ?

❍ **a.** Inférieur
❍ **b.** Identique
❍ **c.** Près de deux fois supérieur
❍ **d.** Près de trois fois supérieur

44 Quel est le premier poste de dépenses publiques en France en 2023 ?

❍ **a.** L'enseignement
❍ **b.** La protection sociale
❍ **c.** La défense
❍ **d.** L'agriculture

45 Quelle est la principale origine des importations françaises en 2023 ?

❍ **a.** Les États-Unis ❍ **b.** La Chine
❍ **c.** L'Allemagne ❍ **d.** Le Royaume-Uni

46 Quelle est la principale destination des exportations françaises en 2023 ?

❍ **a.** Les États-Unis ❍ **b.** La Chine
❍ **c.** L'Allemagne ❍ **d.** Le Royaume-Uni

47 **Selon une étude de 2023, quel est le nombre de personnes se déclarant apporter une aide régulière à un proche en situation de handicap ou de perte d'autonomie fin 2022 en France ?**

❍ **a.** 5,4 millions ❍ **b.** 7,5 millions
❍ **c.** 8,4 millions ❍ **d.** 9,3 millions

48 **Quelle est, en France en 2023, le nombre de grandes entreprises (entreprises ayant plus de 5 000 salariés) ?**

❍ **a.** Environ 250
❍ **b.** Environ 500
❍ **c.** Environ 1 000
❍ **d.** Environ 2 000

49 **Quel est le principal déposant de brevets publiés en 2022 en France ?**

❍ **a.** Groupe Valeo
❍ **b.** Groupe PSA
❍ **c.** Safran
❍ **d.** Airbus

50 **Quelle est l'évolution de l'indicateur de fécondité en France entre 1990 et 2023 ?**

❍ **a.** Il croît régulièrement
❍ **b.** Il décroît régulièrement
❍ **c.** Il croît jusqu'en 2010 et il décroît après
❍ **d.** Il décroît jusqu'en 2010 et il croît après

51 **Quel est l'âge moyen de la première maternité en France en 2023 ?**

❍ **a.** 24,3 ans ❍ **b.** 26,5 ans
❍ **c.** 30,8 ans ❍ **d.** 32,5 ans

52 **Quel est le premier pays d'origine de la population immigrée en France en 2022 ?**

❍ **a.** L'Europe du Sud
❍ **b.** Les pays du Maghreb
❍ **c.** Les autres pays d'Europe
❍ **d.** Les pays asiatiques

53 **En 2023 sont généralisées les cours criminelles départementales. Quelle est leur particularité principale ?**

❍ **a.** Elles sont constituées de magistrats professionnels et concernent tous les crimes pour lesquels l'accusé encourt jusqu'à 5 ans de prison
❍ **b.** Elles sont constituées de magistrats professionnels et concernent tous les crimes pour lesquels l'accusé encourt jusqu'à 10 ans de prison
❍ **c.** Elles sont constituées de magistrats professionnels et concernent tous les crimes pour lesquels l'accusé encourt jusqu'à 20 ans de prison
❍ **d.** Elles sont constituées de magistrats professionnels et concernent tous les crimes pour lesquels l'accusé n'encourt pas de peine de réclusion à perpétuité

54 **Quel est, en France, en 2023, le poids des prélèvements obligatoires sur les ménages en % du PIB ?**

❍ **a.** 18,4 %
❍ **b.** 21,6 %
❍ **c.** 26,4 %
❍ **d.** 32,5 %

55 **Quelle est la première banque assignée en justice, en 2023, pour son financement des énergies fossiles ?**

❍ **a.** BNP Paribas ❍ **b.** Crédit agricole
❍ **c.** Le Crédit lyonnais ❍ **d.** Société générale

56 **Quelle est la principale dette responsable du surendettement des ménages, en France, en 2022 ?**

❍ **a.** Dette immobilière
❍ **b.** Dette à la consommation
❍ **c.** Dette de charges de logement
❍ **d.** Dette fiscale

57 **Quelle est la part des femmes parmi les centenaires, en France, en 2023 ?**

❍ **a.** 55 %
❍ **b.** 65 %
❍ **c.** 75 %
❍ **d.** 85 %

58 **Quel est le taux de croissance de la population française en 2022 ?**

❍ **a.** – 0,3 %
❍ **b.** + 0,3 %
❍ **c.** + 0,6 %
❍ **d.** + 1,1 %

59 **Selon une étude de France Bénévolat, quelle est la part des Français de plus de 18 ans qui ont une activité bénévole, en 2023 ?**

❍ **a.** 40 % ❍ **b.** 50 %
❍ **c.** 60 % ❍ **d.** 70 %

60 **Quelle est la périodicité des « Sommets de la Terre » ?**

❍ **a.** 2 ans ❍ **b.** 5 ans
❍ **c.** 7 ans ❍ **d.** 10 ans

61 **Quelle est, en France, en 2023, la part des contrats d'apprentissage concernant des apprentis reconnus comme travailleurs handicapés ?**

❍ **a.** 1 %
❍ **b.** 4 %
❍ **c.** 8 %
❍ **d.** 12 %

62 **Comment se nomme l'échelle qui sert à mesurer la gravité d'un accident nucléaire ?**

❍ **a.** Dvorak
❍ **b.** Saffir-Simpson
❍ **c.** Richter
❍ **d.** INES

63 **Quel est, en France en 2023, le type de transport de marchandise le plus économique ?**

❍ **a.** Le transport ferroviaire
❍ **b.** Le transport fluvial
❍ **c.** Le transport aérien
❍ **d.** Le transport routier

64 **En 2023, la Commission européenne a refusé à Vivendi d'acheter les éditions Hachette. Comment cette décision a-t-elle été justifiée ?**

❍ **a.** Le projet n'était pas conforme aux règles européennes sur les médias

❍ **b.** Vivendi et Hachette ne sont pas dans le même secteur d'activité

❍ **c.** Le projet aurait entraîné la suppression potentielle de près de 200 emplois

❍ **d.** Le projet contrevenait aux règles de concurrence

65 **En moyenne, en 2022, quelle est la consommation d'eau quotidienne par jour d'un Français ?**

❍ **a.** 50 litres ❍ **b.** 100 litres

❍ **c.** 150 litres ❍ **d.** 200 litres

66 **Chaque année, le « jour du dépassement » peut être déterminé. De quoi s'agit-il ?**

❍ **a.** Le jour pour lequel la distance Terre-Lune est la plus courte de l'année

❍ **b.** La date de l'année à partir de laquelle l'humanité est supposée avoir consommé l'ensemble des ressources que la planète est capable de régénérer en un an

❍ **c.** Le jour de l'année où la production en valeur dépasse la production de l'année passée

❍ **d.** Le jour de l'année où les dépenses publiques commencent à excéder les recettes fiscales

67 **Quel était le jour du dépassement au cours de l'année 2023 ?**

❍ **a.** 23 septembre

❍ **b.** 15 septembre

❍ **c.** 28 juillet

❍ **d.** 2 août

68 **Quel est le jour du dépassement au cours de l'année 2022 ?**

❍ **a.** 23 septembre

❍ **b.** 15 septembre

❍ **c.** 29 août

❍ **d.** 28 juillet

69 Début 2023, quelle est la part de la taxe intérieure de consommation des produits énergétiques (TICPE) de la fiscalité dans le prix de l'essence à la pompe en France ?

❍ **a.** 36 % ❍ **b.** 42 %
❍ **c.** 52 % ❍ **d.** 62 %

70 En 2023 en France, la part du fret ferroviaire par rapport au fret routier est :

❍ **a.** Supérieure à ce qu'elle est en Allemagne
❍ **b.** Supérieure à la moyenne de l'Union européenne
❍ **c.** Inférieure ce qu'elle est en Allemagne
❍ **d.** Inférieure à ce qu'elle est en Espagne

71 En 2022, les trois premiers pays exportateurs d'armement sont, dans l'ordre décroissant :

❍ **a.** Les États-Unis, la Chine et la Russie
❍ **b.** Les États-Unis, la Russie et la France
❍ **c.** Les États-Unis, la Grande-Bretagne et la Russie
❍ **d.** Les États-Unis, la France et la Russie

72 Le montant mensuel brut du SMIC est, mi-2023, d'environ :

❍ **a.** 1 050 € ❍ **b.** 1 140 €
❍ **c.** 1 204 € ❍ **d.** 1 750 €

73 Qui détient, début 2023, la première fortune française ?

❍ **a.** Alain et Gérard Wertheimer
❍ **b.** Françoise Bettencourt-Meyers
❍ **c.** Bernard Arnault
❍ **d.** François Pinault

74 Pour le magazine *Forbes*, qui détient la plus grosse fortune au monde début 2023 ?

❍ **a.** Elon Musk
❍ **b.** Bill Gates
❍ **c.** Bernard Arnault
❍ **d.** Jeff Bezos

75 **Quel est, début 2023, le niveau d'endettement des ménages français en pourcentages du revenu disponible ?**

❍ **a.** 73 % ❍ **b.** 85 %
❍ **c.** 105 % ❍ **d.** 118 %

76 **Quelle est la nationalité de l'entreprise ayant développé l'application mobile de partage de vidéos TikTok ?**

❍ **a.** Sud-coréenne
❍ **b.** Japonaise
❍ **c.** Taïwanaise
❍ **d.** Chinoise

77 **Quel est le nombre de médecins pour 1 000 habitants en France en 2023 ?**

❍ **a.** 1,8
❍ **b.** 2,3
❍ **c.** 3,4
❍ **d.** 4,8

78 **En 2023, la loi sur le mariage pour tous a 10 ans. Au cours de ces dix années, combien de mariages entre personnes du même genre ont été célébrés en France ?**

❍ **a.** 20000
❍ **b.** 40000
❍ **c.** 70000
❍ **d.** 130000

79 **Entre hommes et femmes, les inégalités de salaires sont, en France en 2022, de :**

❍ **a.** 5 % ❍ **b.** 15 %
❍ **c.** 25 % ❍ **d.** 35 %

80 **Parmi les salariés ayant un salaire inférieur au SMIC, la part des femmes est, en 2022, de :**

❍ **a.** 50 % ❍ **b.** 60 %
❍ **c.** 70 % ❍ **d.** 80 %

81 **Lors des manifestations contre la réforme des retraites en 2023, une unité de police a fait l'objet de débats quant à sa stratégie de maintien de l'ordre, la Brav-M. Quelle est la signification de cette unité ?**

❍ **a.** Brigade de rétablissement de l'action par véhicule motorisé
❍ **b.** Brigade de répression de l'action violente motorisée
❍ **c.** Brigade de répression des actes de violence motorisée
❍ **d.** Brigade de renseignement et d'anticipation des violences en milieu urbain

82 **En France, début 2023, le taux d'activité des personnes ayant entre 60 et 65 ans est de :**

❍ **a.** 10 %
❍ **b.** 16 %
❍ **c.** 25 %
❍ **d.** 41 %

83 **En France, le rapport du nombre de personnes d'âge actif (15 à 64 ans) à une personne d'âge inactif (moins de 15 ans et 65 ans et plus) est, en 2023, de :**

❍ **a.** 1 ❍ **b.** 2 ❍ **c.** 4 ❍ **d.** 6

84 **Le seuil de pauvreté mensuel en France est fixé, fin 2022, autour de :**

❍ **a.** 400 € ❍ **b.** 650 €
❍ **c.** 1 102 € ❍ **d.** 1 250 €

85 **Où se trouve le plus grand bidonville en France en 2023 ?**

❍ **a.** À Calais ❍ **b.** À l'Île de la Réunion
❍ **c.** À Kourou ❍ **d.** À Mayotte

86 **En 2023, quelle est la part des dépenses sociales dans le PIB français ?**

❍ **a.** 32 %
❍ **b.** 41 %
❍ **c.** 51 %
❍ **d.** 61 %

87 En 2023, quel poste de dépenses du budget de la Sécurité sociale est le plus déficitaire ?

❍ **a.** Autonomie ❍ **b.** Famille
❍ **c.** Maladie ❍ **d.** Vieillesse

88 Début 2023, la dette publique française s'élève à environ :

❍ **a.** 550 milliards d'euros
❍ **b.** 1 400 milliards d'euros
❍ **c.** 2 200 milliards d'euros
❍ **d.** 3 000 milliards d'euros

89 Qui est, à l'été 2023, le président de la Banque des règlements internationaux ?

❍ **a.** Christine Lagarde
❍ **b.** Agustín Carstens
❍ **c.** François Villeroy de Galhau
❍ **d.** José Graziano da Silva

90 Qui est, à l'été 2023, le directeur général de l'Organisation mondiale du commerce ?

❍ **a.** Ngozy Okonjo-Iweala
❍ **b.** Pascal Lamy
❍ **c.** Thierry Breton
❍ **d.** Christine Lagarde

91 Qui est, à l'été 2023, le président de la Banque mondiale ?

❍ **a.** Clara Ana De Souza
❍ **b.** Kristalina Gueorguieva
❍ **c.** Jim Yong Kim
❍ **d.** Ajay Banga

92 En 2022, quel est le déficit de la Sécurité sociale ?

❍ **a.** 0,5 milliard d'euros
❍ **b.** 20 milliards d'euros
❍ **c.** 39 milliards d'euros
❍ **d.** 56 milliards d'euros

93 **Quel est l'objectif de Plan Eau, lancé par E. Macron en mars 2023, en termes d'économies d'eau à l'horizon 2030 ?**

❍ **a.** 5 % d'économies d'eau
❍ **b.** 10 % d'économies d'eau
❍ **c.** 15 % d'économies d'eau
❍ **d.** 25 % d'économies d'eau

94 **En juillet 2022, l'euro a atteint une parité historique par rapport au dollar. Laquelle ?**

❍ **a.** 1 euro = 1 dollar
❍ **b.** 1 euro = 0,75 dollar
❍ **c.** 1 euro = 1,5 dollar
❍ **d.** 1 euro = 2 dollars

95 **Quel est le nom (ayant été contesté par deux pays en juillet 2022) retenu pour la monnaie unique appelée à remplacer à terme le franc CFA ?**

❍ **a.** L'Ecu ❍ **b.** L'Eco
❍ **c.** Le Nouveau franc ❍ **d.** Le Libre

96 **En mars 2023, le tribunal administratif de Bastia a pris une importante décision ; laquelle ?**

❍ **a.** L'autorisation de l'usage de la langue corse à l'Assemblée de Corse
❍ **b.** L'obligation de traduire toutes les délibérations de l'Assemblée de Corse en langue corse
❍ **c.** L'interdiction de l'usage de la langue corse dans l'Assemblée de Corse
❍ **d.** L'interdiction de l'usage de la langue corse dans des établissements scolaires privés

97 **Dans le cas des épidémies (Covid-19, variole du singe, etc.), le rôle que joue l'Organisation mondiale de la santé (OMS) est souvent évoqué. Où est son siège ?**

❍ **a.** La Haye ❍ **b.** New York
❍ **c.** Rome ❍ **d.** Genève

98 Quelle est, en France en 2023, l'espérance de vie moyenne en bonne santé ?

❍ **a.** Environ 55 ans
❍ **b.** Environ 64 ans
❍ **c.** Environ 68 ans
❍ **d.** Environ 73 ans

99 Combien de pays sont, en 2023, membres de l'OPEP ?

❍ **a.** 8 ❍ **b.** 10 ❍ **c.** 12 ❍ **d.** 14

100 Quelle est, en 2023, la part des entreprises familiales dans l'ensemble de la population des entreprises en France ?

❍ **a.** 53 %
❍ **b.** 63 %
❍ **c.** 73 %
❍ **d.** 83 %

101 En septembre 2023, le fondateur de la plateforme d'échange de cryptomonnaies Thodex, qui avait fui la Turquie avec les avoirs de ses clients, a été condamné à une peine particulière. Laquelle ?

❍ **a.** 60 ans de travaux forcés
❍ **b.** Une mise à l'isolement pendant 99 ans
❍ **c.** 11 000 années de prison
❍ **d.** 12 milliards de dollars d'amende

102 Quelle est, en France en 2023, la part des personnes de 60 ans et plus ?

❍ **a.** 15 % ❍ **b.** 20 % ❍ **c.** 25 % ❍ **d.** 30 %

103 Au début de l'année 2023, quel est le principal actionnaire de l'avionneur Airbus ?

❍ **a.** L'État français
❍ **b.** L'État allemand
❍ **c.** Air France
❍ **d.** Dassault

104 **L'Union européenne a adopté, pour la décennie 2020, un ensemble d'initiatives dans le but de rendre l'Europe climatiquement neutre en 2050. Comment se nomme ce plan ?**

❍ **a.** Green New Deal
❍ **b.** Green Europe
❍ **c.** Blue Europe
❍ **d.** Blue New Deal

105 **Quel est le montant global du plan lancé par l'Union européenne en faveur du climat au début 2020 et qui court sur toute la décennie ?**

❍ **a.** 250 milliards d'euros
❍ **b.** 500 milliards d'euros
❍ **c.** 750 milliards d'euros
❍ **d.** 1 000 milliards d'euros

106 **À propos du territoire français, la « diagonale du vide » désigne encore, en 2023 :**

❍ **a.** Les régions peu traversées par des voies de communication
❍ **b.** Les régions peu peuplées du sud-ouest au nord-est
❍ **c.** Les régions peu peuplées du sud-est au nord-ouest
❍ **d.** Les régions peu industrielles du sud de la France

107 **Quel est la signification des BAXT, l'équivalent chinois des GAFA ?**

❍ **a.** Baobao, Alibaba, Tianjin et Xiaomi
❍ **b.** Baidu, Adidas, Tienanmen et Xi
❍ **c.** Baidu, Alibaba, Tencent et Xiaomi
❍ **d.** Baolian, Aliou, Triumph et Xian

108 **Quel est le minimum social qui, en 2023, a le plus grand nombre de bénéficiaires ?**

❍ **a.** L'allocation aux adultes handicapés
❍ **b.** L'allocation de solidarité spécifique
❍ **c.** L'allocation veuvage
❍ **d.** Le revenu de solidarité active

109 **Quel est le nom de la monnaie lancée par Facebook, puis abandonnée début 2022 ?**

❍ **a.** Le Diem
❍ **b.** Le Moneybook
❍ **c.** Le Coinface
❍ **d.** Le Free

110 **Selon les données du ministère de l'Intérieur, quelle quantité de drogues a été saisie, en France, en 2022 ?**

❍ **a.** 48 tonnes
❍ **b.** 73 tonnes
❍ **c.** 127 tonnes
❍ **d.** 157 tonnes

111 **La clause dite « du grand-père », évoquée dans les discussions sur les retraites et qui est souvent évoquée :**

❍ **a.** Exclut, par principe, tous les retraités au moment de l'adoption de cette clause
❍ **b.** N'est réservée qu'aux seuls retraités au moment de l'adoption de cette clause
❍ **c.** Exclut tous les bénéficiaires d'une ancienne loi ou d'un ancien dispositif
❍ **d.** N'est réservée qu'aux personnes de plus de 60 ans au moment de l'adoption de cette clause

112 **Quelle est, en termes de chiffre d'affaires, la plus grande entreprise au monde dans l'industrie agroalimentaire en 2022 ?**

❍ **a.** Nestlé
❍ **b.** PepsiCo
❍ **c.** Mars
❍ **d.** The Coca-Cola Company

113 **Quelle est, en termes de chiffre d'affaires, la plus grande entreprise mondiale dans le secteur de l'industrie pharmaceutique en 2022 ?**

❍ **a.** Pfizer ❍ **b.** Novartis
❍ **c.** Sanofi ❍ **d.** Johnson et Johnson

114 **Quel pays est, en 2023, le plus grand fournisseur au monde de puces informatiques ?**

- ❍ **a.** La Corée du Sud
- ❍ **b.** Taïwan
- ❍ **c.** Le Japon
- ❍ **d.** La Chine

115 **En 2023, quelle est la place de la France dans le classement des puissances économiques en matière de PIB exprimé en parité des pouvoirs d'achat ?**

- ❍ **a.** 6ᵉ
- ❍ **b.** 8ᵉ
- ❍ **c.** 10ᵉ
- ❍ **d.** 12ᵉ

116 **En 2024, les pays de l'OCDE ont décidé instaurer un impôt minimum mondial sur les sociétés. Quel est ce taux ?**

- ❍ **a.** 5 %
- ❍ **b.** 10 %
- ❍ **c.** 15 %
- ❍ **d.** 20 %

117 **Quelle était la population française lors du dernier recensement réalisé en 2021 ?**

- ❍ **a.** 55,3 millions d'habitants
- ❍ **b.** 60,6 millions d'habitants
- ❍ **c.** 66,7 millions d'habitants
- ❍ **d.** 74,6 millions d'habitants

118 **Quelle est, en termes de chiffre d'affaires, la plus grande entreprise mondiale dans le secteur pétrolier et gazier en 2022 ?**

- ❍ **a.** Saudi Aramco
- ❍ **b.** Sinopec
- ❍ **c.** British Petroleum
- ❍ **d.** Royal Dutch Shell

119 **Récemment, la France s'est engagée à financer la recherche sur un nouveau type de centrales nucléaires, les SMR. Quelle est la signification de cet acronyme ?**

❍ **a.** Smart Modular Reactor
❍ **b.** Size Medium Reactor
❍ **c.** Small Modular Reactor
❍ **d.** System of Milled Reactor

120 **Une licorne est une entreprise high-tech non cotée en Bourse valorisée à plus de 1 milliard de dollars (850 millions d'euros environ) et dont le siège social est situé en France. Parmi ces quatre entreprises, laquelle est la plus ancienne ?**

❍ **a.** Doctolib
❍ **b.** BlaBlaCar
❍ **c.** Black Market
❍ **d.** Voodoo

121 **Quelle est, en France, début 2023, la durée de vie moyenne de la dette négociable de l'État français ?**

❍ **a.** 4,3 ans
❍ **b.** 8,5 ans
❍ **c.** 12,4 ans
❍ **d.** 19,6 ans

122 **Qui est, en 2023, le PDG de Renault ?**

❍ **a.** Guillaume Pépy
❍ **b.** Jean-Pascal Tricoire
❍ **c.** Carlos Tavares
❍ **d.** Luca de Meo

123 **Quelle est, en termes de valorisation des actifs, la plus grande banque dans le monde début 2023 ?**

❍ **a.** Bank of America
❍ **b.** JPMorgan Chase
❍ **c.** HSBC
❍ **d.** ICBC

124 **En 2023, le gouvernement lance un train de mesures en faveur des soins palliatifs. Un objectif principal est affiché : le nombre moyen de « lits identifiés en soins palliatifs » (LISP) pour 100 000 habitants. Pour 2024, quel est ce nombre ?**

❍ **a.** 3
❍ **b.** 8
❍ **c.** 15
❍ **d.** 25

125 **Selon une étude de l'Institut des Politiques Publiques de 2023, jusqu'à quel niveau de revenus l'impôt sur le revenu est-il progressif ?**

❍ **a.** 300 000 € par an
❍ **b.** 600 000 € par an
❍ **c.** 1 000 000 € par an
❍ **d.** 1 400 000 € par an

126 **En 2023, qui préside le FMI ?**

❍ **a.** Pascal Lamy
❍ **b.** Antonio Guterres
❍ **c.** Christine Lagarde
❍ **d.** Kristalina Georgieva

127 **Quel est le constructeur d'automobiles le plus valorisé en 2023 ?**

❍ **a.** Mercedes-Benz
❍ **b.** Toyota
❍ **c.** BMW
❍ **d.** Tesla

128 **Quel est, en 2023, le nombre de personnes faisant partie du halo du chômage en France ?**

❍ **a.** 500 000
❍ **b.** 1,2 million
❍ **c.** 1,9 million
❍ **d.** 2,5 millions

129 **Quelles sont, dans les recommandations gouvernementales sous les mandats d'Emmanuel Macron, les énergies soumises à la taxe carbone ?**

❍ **a.** Le charbon et le fioul domestique
❍ **b.** L'énergie nucléaire, la biomasse, le charbon, le fioul domestique
❍ **c.** Le charbon, l'énergie nucléaire, le fioul domestique, le gaz naturel
❍ **d.** Le charbon, le fioul domestique, le gaz naturel, le gazole essence

130 **Quelle est la contribution au PIB par personne et par heure travaillée en France en 2022 ?**

❍ **a.** 40 euros
❍ **b.** 50 euros
❍ **c.** 70 euros
❍ **d.** 95 euros

131 **Parmi ces quatre pays, lequel a la productivité la plus élevée en 2022 ?**

❍ **a.** L'Irlande
❍ **b.** La France
❍ **c.** Les États-Unis
❍ **d.** L'Allemagne

132 **Quelle entreprise, spécialisée dans la fast-fashion, a ouvert son activité en France, en 2023 ?**

❍ **a.** ASOS
❍ **b.** Fashion Nova
❍ **c.** Lululemon
❍ **d.** Shein

133 **Quelle est, en termes de chiffre d'affaires, la plus grande entreprise mondiale dans le secteur de la construction automobile en 2022 ?**

❍ **a.** Stellantis
❍ **b.** Toyota
❍ **c.** Ford
❍ **d.** Volkswagen

134 **Quelle est, en termes de capacité de sièges, la plus grande compagnie aérienne mondiale en 2022 ?**

❍ **a.** American Airlines
❍ **b.** Air France-KLM
❍ **c.** Lufthansa
❍ **d.** Southern Air Lines

135 **En 2022, quelle part du PIB mondial atteint la capitalisation boursière mondiale ?**

❍ **a.** 25 %
❍ **b.** 50 %
❍ **c.** 75 %
❍ **d.** 110 %

136 **En 2023, qui est le directeur général d'Air France-KLM ?**

❍ **a.** Jean-Marc Janaillac
❍ **b.** Anne Rigail
❍ **c.** Benjamin Smith
❍ **d.** Anne-Marie Couderc

137 **Face aux difficultés d'EDF durant la crise énergétique due à la guerre en Ukraine, l'État français a modifié sa participation dans le capital d'EDF. Quelle est cette part ?**

❍ **a.** 51 %
❍ **b.** 66 %
❍ **c.** 75 %
❍ **d.** 100 %

138 **Début 2022, quel pays européen compte le plus de licornes (entreprises non cotées en bourse et valorisées à plus de 1 milliard de dollars) ?**

❍ **a.** L'Allemagne
❍ **b.** La Suède
❍ **c.** Le Royaume-Uni
❍ **d.** La France

139 **Quelle est, en termes de chiffre d'affaires, la plus grande entreprise mondiale dans le secteur du luxe en 2022 ?**

❍ **a.** LVMH
❍ **b.** Estée Lauder
❍ **c.** Kering
❍ **d.** L'Oréal Luxe

140 **En 2023, quel pays est le premier producteur de pétrole au monde ?**

❍ **a.** L'Arabie saoudite
❍ **b.** La Russie
❍ **c.** Les États-Unis
❍ **d.** La Chine

141 **Qui préside, en 2023, la Banque centrale européenne ?**

❍ **a.** Mario Draghi
❍ **b.** Christine Lagarde
❍ **c.** Ursula von der Leyen
❍ **d.** Pierre Moscovici

142 **Quelle est, en 2023, la part des dépenses d'énergie dans la consommation des ménages ?**

❍ **a.** 8 %
❍ **b.** 11 %
❍ **c.** 18 %
❍ **d.** 25 %

143 **Quelle est la première zone de pêche dans le monde en 2023 ?**

❍ **a.** Le Pacifique Nord-Ouest
❍ **b.** L'océan Indien
❍ **c.** L'Atlantique Nord-Est
❍ **d.** Le Pacifique Nord-Est

144 **Quelle est la part du solde migratoire dans l'augmentation de la population totale en France en 2022 ?**

❍ **a.** 10 % ❍ **b.** 20 % ❍ **c.** 30 % ❍ **d.** 50 %

145 **En 2023, la part des personnes âgées de plus de 75 ans est, en France, de 9,3 %. Quelle devrait être cette part en 2050 ?**

❍ **a.** 10,2 %
❍ **b.** 12,3 %
❍ **c.** 16,3 %
❍ **d.** 18,1 %

146 **Quelle est, en 2023, la taille moyenne des ménages français en nombre de personnes ?**

❍ **a.** 2,2
❍ **b.** 2,9
❍ **c.** 3,4
❍ **d.** 3,8

147 **Quel pays de l'Union européenne a, en 2022, le taux de natalité le plus élevé ?**

❍ **a.** La Suède ❍ **b.** La France
❍ **c.** L'Irlande ❍ **d.** La Lettonie

148 **Quelle est la part de la population étrangère dans la population française début 2022 ?**

❍ **a.** 5,5 %
❍ **b.** 6,9 %
❍ **c.** 8,6 %
❍ **d.** 10,9 %

149 **Quelle est la part des emplois salariés dans l'emploi total en France en 2023 ?**

❍ **a.** 89 %
❍ **b.** 82 %
❍ **c.** 76 %
❍ **d.** 71 %

150 **Le niveau d'inégalité de vie est souvent mesuré par le rapport interdécile D9/D1 relatif aux revenus disponibles. En 2022, quel est le niveau de ce rapport en France ?**

❍ **a.** 3,4 ❍ **b.** 4,5
❍ **c.** 6,2 ❍ **d.** 8,1

151 **Le rapport démographique est le nombre de cotisants divisé par le nombre de retraités. Quel est, en 2023, le niveau de ce rapport ?**

❍ **a.** 1 ❍ **b.** 1,3
❍ **c.** 2 ❍ **d.** 2,7

152 **Quel est, en 2022, le taux d'endettement des ménages français en pourcentage du PIB ?**

❍ **a.** 20 % ❍ **b.** 40 %
❍ **c.** 70 % ❍ **d.** 90 %

153 **En 2022, à combien d'années du PIB annuel s'élève le patrimoine économique national français ?**

❍ **a.** Deux années
❍ **b.** Quatre années
❍ **c.** Six années
❍ **d.** Huit années

154 **Quel est, début 2023, le poids des prélèvements obligatoires en France en pourcentage du PIB ?**

❍ **a.** 33 % ❍ **b.** 38 %
❍ **c.** 47 % ❍ **d.** 51 %

155 **Quel est, début 2023, le poids des dépenses publiques en France en pourcentage du PIB ?**

❍ **a.** 41 % ❍ **b.** 47 %
❍ **c.** 51 % ❍ **d.** 57 %

156 Quel est, en 2022, le premier pays exportateur de la France en valeur ?

❍ **a.** L'Allemagne
❍ **b.** La Chine
❍ **c.** Les États-Unis
❍ **d.** Le Royaume-Uni

157 Quel est, en 2022, le premier pays importateur de la France en valeur ?

❍ **a.** L'Allemagne
❍ **b.** La Chine
❍ **c.** Les États-Unis
❍ **d.** Le Royaume-Uni

158 Quelle est, en 2022, la part du marché français à l'exportation en pourcentage du total des exportations mondiales ?

❍ **a.** 3 % ❍ **b.** 6 % ❍ **c.** 9 % ❍ **d.** 12 %

159 En août 2023, le Japon a décidé de faire disparaître les eaux contaminées de la centrale nucléaire de Fukushima. Quelle est cette solution ?

❍ **a.** La vaporiser
❍ **b.** La rejeter dans la mer
❍ **c.** La retraiter et l'utiliser à des fins industrielles
❍ **d.** L'enfouir dans une nappe phréatique

160 Qui est, à la suite des élections de mars 2023, le secrétaire général de la CGT ?

❍ **a.** Céline Verzeletti
❍ **b.** Catherine Giraud
❍ **c.** Sophie Binet
❍ **d.** Marie Buisson

161 Qui est, en 2023, secrétaire général de Force ouvrière ?

❍ **a.** Frédéric Souillot
❍ **b.** François Asselin
❍ **c.** Philippe Martinez
❍ **d.** Philippe Louis

162 Qui est, en 2023, président du Medef ?

❍ **a.** Patrick Martin
❍ **b.** François Asselin
❍ **c.** Pierre Gattaz
❍ **d.** Geoffroy Roux de Bézieux

163 En 2022, quel est le nombre de dossiers déposés pour des demandes d'asile en France ?

❍ **a.** Environ 80 000
❍ **b.** Environ 100 000
❍ **c.** Environ 130 000
❍ **d.** Environ 210 000

164 En 2022, selon les statistiques annuelles en matière d'immigration, d'asile et d'acquisition de la nationalité française, combien de dossiers de demande d'asile ont été acceptés en France ?

❍ **a.** 24 000 environ
❍ **b.** 36 000 environ
❍ **c.** 56 000 environ
❍ **d.** 78 000 environ

165 En 2022, quel est le premier pays européen pour le dépôt de demande d'asile ?

❍ **a.** L'Allemagne
❍ **b.** La France
❍ **c.** L'Italie
❍ **d.** La Grèce

166 **En 2022, quel a été le nombre de féminicides recensés en France ?**

❍ **a.** 90 ❍ **b.** 118 ❍ **c.** 149 ❍ **d.** 172

167 **Quel est le classement, par ordre décroissant, des recettes fiscales brutes du budget général en France en 2022 ?**

❍ **a.** TVA, impôt sur le revenu, impôt sur les sociétés, diverses recettes fiscales

❍ **b.** Impôt sur le revenu, TVA, impôt sur les sociétés, autres recettes fiscales

❍ **c.** TVA, impôt sur le revenu, diverses recettes fiscales, impôt sur les sociétés

❍ **d.** Impôt sur les sociétés, impôt sur le revenu, TVA, autres recettes fiscales

168 **Quelle est la région de France qui a la plus importante production éolienne en 2022 ?**

❍ **a.** Les Hauts-de-France ❍ **b.** La Bretagne

❍ **c.** L'Occitanie ❍ **d.** La Région Sud

169 **En 2023, quelle est la part de l'État français dans le capital du groupe Air France-KLM ?**

❍ **a.** 8,8 % ❍ **b.** 14,3 % ❍ **c.** 21,6 % ❍ **d.** 32,9 %

170 **En avril 2023, le gouvernement annonce le remplacement de Pôle emploi par une autre entité, à partir de 2024. Comment se nomme cette nouvelle institution ?**

❍ **a.** France Emploi ❍ **b.** France Travail

❍ **c.** Pôle Travail ❍ **d.** Stratégie Emploi

171 **Quelle est, en 2023, la nationalité de l'entreprise Sanofi, l'une des entreprises leaders en matière de vaccins à ARN messager ?**

❍ **a.** Belge ❍ **b.** Suisse

❍ **c.** Française ❍ **d.** Luxembourgeoise

172 **En 2023, à l'exception du public, quel est le principal actionnaire de Sanofi ?**

❍ **a.** L'Oréal
❍ **b.** LVMH
❍ **c.** Institut Pasteur
❍ **d.** Mérieux

173 **Quel est, en janvier 2023, le réseau social le plus utilisé dans le monde ?**

❍ **a.** WeChat
❍ **b.** YouTube
❍ **c.** Facebook
❍ **d.** WhatsApp

174 **Quel est, début 2023, le réseau social le plus utilisé en France ?**

❍ **a.** X (ex-Twitter)
❍ **b.** YouTube
❍ **c.** Facebook
❍ **d.** WhatsApp

175 **Quelle est, en 2022, la part de l'éolien dans la production d'électricité en France ?**

❍ **a.** 1 % ❍ **b.** 9 % ❍ **c.** 15 % ❍ **d.** 19 %

176 **Quelle est, en 2023, la part de l'éolien dans la production d'électricité dans le monde ?**

❍ **a.** 1 % ❍ **b.** 4 % ❍ **c.** 11 % ❍ **d.** 16 %

177 **Quelle est la région française ayant, en 2023, les plus importantes capacités éoliennes ?**

❍ **a.** Les Hauts de France
❍ **b.** L'Occitanie
❍ **c.** Le Grand Est
❍ **d.** La Bretagne

178 **Quel pays a le parc de voitures électriques le plus important au monde début 2023 ?**

❍ **a.** Les États-Unis
❍ **b.** La Chine
❍ **c.** L'Inde
❍ **d.** Le Japon

179 **Quel pays européen a le parc de voitures électriques le plus important début 2023 ?**

❍ **a.** La Norvège
❍ **b.** Les Pays-Bas
❍ **c.** L'Allemagne
❍ **d.** La France

180 **Quel est, en 2023, le premier poste de coûts dans la fabrication d'une voiture électrique ?**

❍ **a.** La main-d'œuvre
❍ **b.** La batterie
❍ **c.** Le moteur
❍ **d.** La carrosserie

181 **Selon une étude publiée par l'OCDE en 2023, quel est l'impact de l'immigration sur les comptes publics français ?**

❍ **a.** –3,5 % du PIB
❍ **b.** –2 % du PIB
❍ **c.** Globalement nul en % du PIB
❍ **d.** +2 % du PIB

182 **Quelle est la consommation moyenne de litres d'alcool pur par habitant âgé de 15 ans ou plus en France en 2022 ?**

❍ **a.** 6,5 ❍ **b.** 9 ❍ **c.** 11,5 ❍ **d.** 15

183 Quel est le coût social estimé de l'alcool en France en 2022 (coût monétaire des conséquences de la consommation et coûts externes) ?

❍ **a.** 40 milliards d'euros
❍ **b.** 70 milliards d'euros
❍ **c.** 100 milliards d'euros
❍ **d.** 120 milliards d'euros

184 Quel est le coût social estimé du tabac en France en 2022 (coût monétaire des conséquences de la consommation et coûts externes) ?

❍ **a.** 40 milliards d'euros
❍ **b.** 70 milliards d'euros
❍ **c.** 100 milliards d'euros
❍ **d.** 120 milliards d'euros

185 Quel est en France le nombre estimé de décès attribuables à l'alcool en 2022 ?

❍ **a.** 18 000 ❍ **b.** 23 000 ❍ **c.** 35 000 ❍ **d.** 49 000

186 Quel est en France le nombre estimé de décès attribuables au tabac en 2022 ?

❍ **a.** 32 000 ❍ **b.** 45 000 ❍ **c.** 58 000 ❍ **d.** 75 000

187 Quel constructeur a vendu le plus de véhicules 100 % électriques au monde en 2022 ?

❍ **a.** Renault-Nissan
❍ **b.** Volkswagen
❍ **c.** Tesla
❍ **d.** BVD

188 **Quel est, en France en 2022, le constructeur qui vend le plus de voitures électriques ?**

❍ **a.** BMW
❍ **b.** Nissan
❍ **c.** Renault
❍ **d.** Tesla

189 **Dans le cadre de la gestion des conséquences économiques du Covid-19, les accords de performance collective (APC) sont développés. En quoi consistent-ils ?**

❍ **a.** Ce sont des accords permettant d'augmenter le temps de travail sans augmenter la rémunération, ou encore de réviser les conditions de mobilité professionnelle ou géographique interne à l'entreprise
❍ **b.** Ce sont des accords permettant de fixer le salaire en fonction des résultats de l'entreprise
❍ **c.** Ce sont des accords de chômage partiel généralisé
❍ **d.** Ce sont des accords permettant de lier très étroitement le niveau des effectifs et le niveau des résultats de l'entreprise

190 **Concernant les accords de performance collective, laquelle des propositions suivantes est fausse ?**

❍ **a.** Il s'agit d'un accord remettant à plat le statut social des salariés sans passer par la modification individuelle du contrat de travail
❍ **b.** Cet accord peut être signé par l'entreprise après négociation, qu'elle soit confrontée à des difficultés économiques conjoncturelles ou non
❍ **c.** Dès lors qu'un accord a obtenu l'aval de l'employeur et de toutes les organisations syndicales, un salarié ne peut pas le refuser
❍ **d.** À défaut d'une discussion sur la durée de l'accord, la période est fixée à 5 ans

191 **Pour lutter contre les conséquences économiques de la crise du Covid-19, le gouvernement français a développé le recours au :**

❍ **a.** Chômage forcé
❍ **b.** Chômage volontaire
❍ **c.** Chômage partiel
❍ **d.** Chômage technique

192 **Combien de migrants ont tenté de traverser la Manche pour rejoindre la Grande-Bretagne en 2022 ?**

- ❍ **a.** 500
- ❍ **b.** 1 000
- ❍ **c.** 10 000
- ❍ **d.** 52 000

193 **Combien de migrants sont parvenus à traverser la Manche pour rejoindre la Grande-Bretagne en 2022 ?**

- ❍ **a.** 900
- ❍ **b.** 3 600
- ❍ **c.** 14 000
- ❍ **d.** 28 000

194 **Selon l'ONU, combien y a-t-il de migrants internationaux dans le monde en 2022 ?**

- ❍ **a.** 50 millions
- ❍ **b.** 80 millions
- ❍ **c.** 150 millions
- ❍ **d.** 280 millions

195 **Quel pays a le plus grand nombre de migrants sur son territoire en 2022 ?**

- ❍ **a.** L'Allemagne
- ❍ **b.** Les États-Unis
- ❍ **c.** Le Royaume-Uni
- ❍ **d.** La France

196 **Quelle est la principale origine des migrations permanentes dans les pays d'accueil en 2023 ?**

- ❍ **a.** Les migrations de travail
- ❍ **b.** Les migrations familiales
- ❍ **c.** Les migrations humanitaires
- ❍ **d.** Les migrations au sein des zones de libre circulation

197 **En France, en 2023, quelle est la part des ménages français propriétaires de leur résidence principale ?**

❍ **a.** 48 %
❍ **b.** 58 %
❍ **c.** 68 %
❍ **d.** 78 %

198 **Quel est le premier secteur d'exportation de la région Île-de-France (en pourcentage du total) en 2022 ?**

❍ **a.** Aéronautique
❍ **b.** Pharmacie
❍ **c.** Chimie
❍ **d.** Automobile

199 **En 2022, quel est le premier pays d'origine des demandeurs d'asile dans les pays de l'Union européenne ?**

❍ **a.** La Syrie
❍ **b.** L'Irak
❍ **c.** L'Afghanistan
❍ **d.** Le Soudan

200 **En 2022, combien d'Ukrainiens sont arrivés dans l'UE ?**

❍ **a.** 1 million
❍ **b.** 3 millions
❍ **c.** 5 millions
❍ **d.** 8 millions

201 **Quel est, début 2023, le taux d'emploi en France ?**

❍ **a.** 64 %
❍ **b.** 68 %
❍ **c.** 71 %
❍ **d.** 76 %

202 **Quel pays de l'Union européenne a le taux de syndicalisation le plus élevé en 2023 ?**

❍ **a.** L'Italie
❍ **b.** Le Danemark
❍ **c.** La Suède
❍ **d.** L'Allemagne

203 **Début 2023, quel est le taux de syndicalisation en France ?**

❍ **a.** 8 % ❍ **b.** 11 % ❍ **c.** 16 % ❍ **d.** 22 %

204 **En 2023, quel est le taux de syndicalisation aux États-Unis ?**

❍ **a.** 7 % ❍ **b.** 10 % ❍ **c.** 16 % ❍ **d.** 23 %

205 **Quelle est la durée annuelle effective du travail à temps complet dans le secteur public hors enseignants en 2023 ?**

❍ **a.** 1 230 heures
❍ **b.** 1 480 heures
❍ **c.** 1 640 heures
❍ **d.** 1 980 heures

206 **En 2025 devrait être livré le futur siège de Total. Comment se nomme cette tour ?**

❍ **a.** The Sky
❍ **b.** The Star
❍ **c.** Le Diamant
❍ **d.** The Link

207 **En mars 2023, l'Assemblée nationale approuve une obligation pour les plateformes de réseaux sociaux de vérifier l'âge des utilisateurs et de recueillir l'accord des parents des mineurs. Jusqu'à quel âge cet accord est-il nécessaire ?**

❍ **a.** Moins de 13 ans
❍ **b.** Moins de 14 ans
❍ **c.** Moins de 15 ans
❍ **d.** Moins de 16 ans

208 **Qui est, en 2023, président de l'Association des maires de France ?**

❍ **a.** Philippe Laurent
❍ **b.** François Baroin
❍ **c.** Éric Ciotti
❍ **d.** David Lisnard

209 **Combien y a-t-il de prisonniers incarcérés dans les prisons françaises en 2023 ?**

❍ **a.** 48 000
❍ **b.** 59 000
❍ **c.** 87 000
❍ **d.** 100 000

210 **Début 2023, quel est le nombre de micro-entrepreneurs en France ?**

❍ **a.** 0,9 million
❍ **b.** 1,4 million
❍ **c.** 2,5 millions
❍ **d.** 2,8 millions

211 **Comment l'OMS définit-elle la santé ?**

❍ **a.** L'absence de maladie ou d'infirmité
❍ **b.** Un état complet de bien-être physique, mental et social
❍ **c.** L'absence de handicap
❍ **d.** L'état de l'être vivant quand tous ses organes fonctionnent de façon harmonieuse

212 **Qu'est-ce qu'une pandémie selon l'OMS ?**

❍ **a.** L'apparition d'un virus
❍ **b.** La propagation mondiale d'une nouvelle maladie
❍ **c.** L'apparition de plus de 1 000 cas d'une maladie très contagieuse dans une zone à forte densité de population
❍ **d.** Une crise sanitaire d'envergure nationale

213 **En 2023, combien de stades de gestion des épidémies sont prévus en France ?**

❍ **a.** 2 ❍ **b.** 3 ❍ **c.** 4 ❍ **d.** 5

214 À quoi correspond le dernier stade ?

- ❍ **a.** Le taux de mortalité dépasse les 50 000
- ❍ **b.** Le taux de létalité dépasse les 50 000
- ❍ **c.** L'épidémie est hors de contrôle
- ❍ **d.** Le retour à la normale

215 Quelle a été la pandémie la plus meurtrière de l'Histoire ?

- ❍ **a.** La peste noire
- ❍ **b.** Le Sida
- ❍ **c.** La grippe espagnole
- ❍ **d.** Le choléra

216 En 2023, quel pays africain a le PIB global le plus élevé ?

- ❍ **a.** L'Afrique du Sud
- ❍ **b.** L'Algérie
- ❍ **c.** L'Égypte
- ❍ **d.** Le Nigéria

217 Quel est l'âge d'ouverture des droits à la retraite en France à partir de 2023 ?

- ❍ **a.** 60 ans
- ❍ **b.** 62 ans
- ❍ **c.** 64 ans
- ❍ **d.** 67 ans

218 Quelle maladie a le taux de prévalence le plus élevé en France en 2022 ?

- ❍ **a.** Le diabète
- ❍ **b.** Les tumeurs
- ❍ **c.** Les affections psychiatriques de longue durée
- ❍ **d.** Les maladies coronaires

219 **Actuellement, l'éco-participation est un « coût » ajouté au prix de vente des appareils électriques ou électroniques ou à des éléments d'ameublement vendus en France, dont le but est de compenser le coût de la collecte et du traitement des déchets qui leur sont liés. Qui bénéficie de l'éco-participation ?**

❍ **a.** L'État
❍ **b.** Les communes
❍ **c.** Les organismes réalisant les tâches de retraitement
❍ **d.** Les distributeurs qui vendent ces produits

220 **En 2022, quel est le taux de recyclage des emballages ménagers en France ?**

❍ **a.** 15 % ❍ **b.** 30 %
❍ **c.** 45 % ❍ **d.** 70 %

221 **En 2022, quel est le taux de recyclage du verre en France ?**

❍ **a.** 20 % ❍ **b.** 33 %
❍ **c.** 55 % ❍ **d.** 85 %

222 **Lors de son discours de présentation du plan France 2030, Emmanuel Macron a fait de l'économie « circulaire » une priorité. Qu'appelle-t-on l'économie « circulaire » ?**

❍ **a.** L'économie représentée par le circuit économique et non par les marchés
❍ **b.** L'économie fondée sur les échanges réciproques entre agents économiques
❍ **c.** L'économie fondée sur des biens davantage durables, réparables et recyclables
❍ **d.** L'économie du recyclage des eaux usées

223 **Qui est, depuis juin 2023, la secrétaire générale de la CFDT ?**

❍ **a.** Sophie Binet
❍ **b.** Marie Buisson
❍ **c.** Marylise Léon
❍ **d.** Nicole Notat

224 **En 2022, quel est le premier site de stockage de retraitement des déchets nucléaires de très faible activité et de faible et moyenne activité ouvert en France ?**

❍ **a.** Morvilliers
❍ **b.** Fessenheim
❍ **c.** Marcoule
❍ **d.** La Hague

225 **En juin 2023, le groupe Bolloré a fait l'acquisition d'un important titre de presse. Lequel ?**

❍ **a.** *Le Monde*
❍ **b.** *JDD*
❍ **c.** *Paris Match*
❍ **d.** *Valeurs Actuelles*

226 **Comment se nomme l'opération lancée à Mayotte par les agents des forces de l'ordre afin de réaliser des expulsions massives d'immigrés illégaux principalement venus des Comores et des destructions de bidonvilles ?**

❍ **a.** Opération Kalahari
❍ **b.** Opération Masai Mara
❍ **c.** Opération Okavango
❍ **d.** Opération Wuambushu

227 **Selon les données de la Cour des comptes, quelle est la part des familles « très favorisées et favorisées » en termes de CSP dans les établissements privés sous contrat, en France, en 2022 ?**

❍ **a.** 38,6 %
❍ **b.** 43,4 %
❍ **c.** 55,4 %
❍ **d.** 62,8 %

228 **Le 15 juin 2023 est célébré le soixantième anniversaire de l'ouverture du premier hypermarché en France. Quelle en était l'enseigne et où était-ce ?**

❍ **a.** Auchan de Roncq
❍ **b.** Carrefour de Sainte-Geneviève-des-Bois
❍ **c.** Magasin E.Leclerc de Landerneau
❍ **d.** Suma de Montfermeil

229 **Dans les voitures électriques produites récemment, quelle est la nature principale des batteries utilisées ?**

❍ **a.** Batteries à l'eau lourde
❍ **b.** Batteries à l'hydrogène
❍ **c.** Batteries au lithium
❍ **d.** Batteries au magnésium

230 **Régulièrement, notamment en période de tassement du pouvoir d'achat, la taxe carbone est remise en question. En quelle année cette taxe a-t-elle été mise en place en France ?**

❍ **a.** 2000 ❍ **b.** 2008 ❍ **c.** 2014 ❍ **d.** 2019

231 **En juin 2023, quel est le cours approximatif de la tonne de carbone en France ?**

❍ **a.** 15 € la tonne de CO_2
❍ **b.** 80 € la tonne de CO_2
❍ **c.** 110 € la tonne de CO_2
❍ **d.** 230 € la tonne de CO_2

232 **Il y a 50 ans, en 1973, un important conflit social a éclaté en France, symbolique d'une gouvernance assez nouvelle en France, l'autogestion. De quel conflit s'agit-il ?**

❍ **a.** L'entreprise horlogère Lip
❍ **b.** Le site d'Arcelor-Mittal dans la sidérurgie
❍ **c.** Le site de Fos-sur-Mer dans la construction navale
❍ **d.** L'entreprise Boussac Frères dans le textile du Nord

233 **Le développement durable repose sur une conception de la croissance économique qui présente trois piliers. Quels sont-ils ?**

❍ **a.** Économie – écologie – social
❍ **b.** Écologie – performance – équité
❍ **c.** Économie – écologie – rentabilité
❍ **d.** Écologie – inclusion – indépendance

234 **Pour le respect d'objectifs de développement durable, les entreprises sont amenées à développer des opérations de RSE. Quelle est la signification de cet acronyme ?**

❍ **a.** Recherche sage de l'expansion
❍ **b.** Responsabilité des syndicats et des employeurs
❍ **c.** Responsabilité sociétale des entreprises
❍ **d.** Rémunération stricte dans l'entreprise

235 Depuis peu, se développe en France comme dans les grands pays développés la « finance verte ». De quoi s'agit-il ?

❍ **a.** Il s'agit des actions et opérations financières qui favorisent la transition énergétique et la lutte contre le réchauffement climatique
❍ **b.** Il s'agit du financement sur les marchés des droits à polluer
❍ **c.** Il s'agit d'opérations financières uniquement réservées aux investissements dans les énergies renouvelables
❍ **d.** Il s'agit des opérations financières réalisées par le Crédit Agricole

236 Qu'appelle-t-on le « *greenwashing* » ?

❍ **a.** Il s'agit du « blanchiment » d'argent lié au commerce agricole dans le monde
❍ **b.** Un mode de financement des opérations liées à la protection de l'environnement
❍ **c.** Un procédé utilisé par une organisation dans le but de se donner une image de responsabilité écologique trompeuse
❍ **d.** L'utilisation exclusive de produits bio dans la fabrication des lessives

237 Selon les données du Gouvernement début 2023, combien y aurait-il de logements mal isolés en France ?

❍ **a.** 4 millions
❍ **b.** 7 millions
❍ **c.** 9 millions
❍ **d.** 13 millions

238 Début 2023, quelle est la part des ménages qui, en France, sont en précarité énergétique ?

❍ **a.** 5 %
❍ **b.** 13 %
❍ **c.** 18 %
❍ **d.** 22 %

239 **Le lithium est un élément chimique très utilisé dans le stockage de l'électricité. Selon les statistiques annuelles publiées par l'organisation Planetoscope, quel pays au monde dispose des plus grandes ressources sur son territoire ?**

❍ **a.** La Bolivie
❍ **b.** La Chine
❍ **c.** L'Australie
❍ **d.** La Russie

240 **En 2023, quelle est la durée du congé de paternité en France lors de la naissance d'un enfant ?**

❍ **a.** 8 jours
❍ **b.** 15 jours
❍ **c.** 25 jours
❍ **d.** 33 jours

241 **Selon les données du ministère de l'Intérieur, quelle quantité de drogues a été saisie en France en 2022 ?**

❍ **a.** 48 tonnes
❍ **b.** 73 tonnes
❍ **c.** 127 tonnes
❍ **d.** 157 tonnes

242 **Quelle est, en 2022, la première porte d'entrée de la drogue en France ?**

❍ **a.** L'aéroport Charles-de-Gaulle
❍ **b.** La frontière avec la Belgique
❍ **c.** Le port de Marseille
❍ **d.** Le port du Havre

243 **En 2023, combien y a-t-il en France de minima sociaux ?**

❍ **a.** 4
❍ **b.** 6
❍ **c.** 8
❍ **d.** 10

244 **Quel est, en 2023, l'âge moyen de la population française ?**

❍ **a.** 38 ans
❍ **b.** 42 ans
❍ **c.** 48 ans
❍ **d.** 53 ans

245 **Quel est, en 2023 en France, le niveau de la dépense publique par étudiant ?**

❍ **a.** 8 000 €
❍ **b.** 10 000 €
❍ **c.** 14 000 €
❍ **d.** 18 000 €

246 **Quelle est, en France début 2023, la part des cotisations sociales et des autres charges dans le coût horaire de la main d'œuvre ?**

❍ **a.** 26 %
❍ **b.** 31 %
❍ **c.** 39 %
❍ **d.** 45 %

247 **ONU-Habitat publie régulièrement des données démographiques factuelles et prévisionnelles à l'échelle du monde. Quelle est, en 2023, la plus grande mégapole du monde ?**

❍ **a.** Mexico
❍ **b.** Mumbai
❍ **c.** Shanghai
❍ **d.** Tokyo

248 **Selon ONU-Habitat, quelle sera en 2035 la plus grande mégapole du monde ?**

❍ **a.** Dacca
❍ **b.** Delhi
❍ **c.** Shanghai
❍ **d.** Tokyo

249 **Début 2023, la SNCF annonce avoir dégagé un bénéfice record en 2022. Sa filiale de transport routier est en grande partie responsable de cette situation. Comment s'appelle-t-elle ?**

❍ **a.** CMA CGM
❍ **b.** Ermewa
❍ **c.** Geodis
❍ **d.** TMA Express

250 **Quel était, en 1945, le niveau de la dette publique de l'ensemble des économies développées ?**

❍ **a.** 70 % ❍ **b.** 95 %
❍ **c.** 130 % ❍ **d.** 150 %

251 **Quel était, en 1918, le niveau de la dette publique de l'ensemble des économies développées ?**

❍ **a.** 70 % ❍ **b.** 95 %
❍ **c.** 130 % ❍ **d.** 150 %

252 **Selon la banque d'affaires Goldman Sachs, quel est le poids de la dette publique de la Chine, en 2023 ?**

❍ **a.** 53 % ❍ **b.** 75 %
❍ **c.** 126 % ❍ **d.** 158 %

253 **Quel est le niveau de la dette publique du Japon en 2022 ?**

❍ **a.** 70 % ❍ **b.** 120 %
❍ **c.** 160 % ❍ **d.** 260 %

254 **Quel est, en 2022 en France, le principal secteur excédentaire en matière de commerce extérieur ?**

❍ **a.** Aéronautique
❍ **b.** Agroalimentaire
❍ **c.** Parfums, cosmétiques
❍ **d.** Pharmacie

255 Selon les données de la Direction générale des impôts de 2023, quel est le montant des droits et pénalités encaissés suite à la fraude fiscale, en France, en 2022 ?

❍ **a.** 5 milliards d'euros
❍ **b.** 10 milliards d'euros
❍ **c.** 15 milliards d'euros
❍ **d.** 20 milliards d'euros

256 En 2023, après Wall Street (New York Stock Exchange), quelle est la deuxième plus grande Bourse mondiale par sa capitalisation boursière ?

❍ **a.** Londres
❍ **b.** Shanghai
❍ **c.** Tokyo
❍ **d.** Hong-Kong

257 Quelle est, en France en 2023, la valeur de la vie humaine retenue dans les études officielles ?

❍ **a.** 300 000 €
❍ **b.** 800 000 €
❍ **c.** 1 500 000 €
❍ **d.** 3 000 000 €

258 Quel est, en France en 2023, le principal financeur du logement social ?

❍ **a.** L'État *via* des aides fiscales
❍ **b.** Les collectivités territoriales
❍ **c.** La Caisse des dépôts et consignations
❍ **d.** Action logement

259 Combien de logements compte le parc locatif social en France début 2023 ?

❍ **a.** 2,6 millions
❍ **b.** 3,5 millions
❍ **c.** 5,3 millions
❍ **d.** 8 millions

260 **Selon le rapport publié par l'Observatoire sur les inégalités mondiales en décembre 2022, quelle est la part des revenus détenus par les 10 % les plus riches ?**

❍ **a.** 46 % ❍ **b.** 55 % ❍ **c.** 67 % ❍ **d.** 74 %

261 **Selon le rapport publié par l'Observatoire sur les inégalités mondiales en décembre 2022, quelle est la part des richesses détenues par les 50 % les plus pauvres ?**

❍ **a.** 2 % ❍ **b.** 6 % ❍ **c.** 18 % ❍ **d.** 26 %

262 **Selon les données officielles de la DARES, combien y a-t-il d'emplois vacants, en France, début 2023 ?**

❍ **a.** 155 000
❍ **b.** 365 000
❍ **c.** 612 000
❍ **d.** 871 000

263 **Qui dirige la FNSEA depuis avril 2023 ?**

❍ **a.** Julien Denormandie
❍ **b.** Marc Fesneau
❍ **c.** Christiane Lambert
❍ **d.** Arnaud Rousseau

264 **Selon Eurostat, début 2023, combien de citoyens de l'UE vivent et/ou travaillent dans un autre État membre que celui où ils sont nés ?**

❍ **a.** 17 millions ❍ **b.** 21 millions
❍ **c.** 27 millions ❍ **d.** 35 millions

265 **Selon un rapport de l'Assemblée nationale publié en 2023, quel est le coût global pour la nation de l'Aide médicale d'État (AME) par an ?**

❍ **a.** 0,9 milliard d'euros
❍ **b.** 1,7 milliard d'euros
❍ **c.** 4,4 milliards d'euros
❍ **d.** 9,8 milliards d'euros

266 Selon une étude de 2022, les Nations unies ont publié une étude sur les transitions démographiques en Asie. À quelle date est prévu le pic de population en Chine ?

❍ **a.** 2030 ❍ **b.** 2040 ❍ **c.** 2050 ❍ **d.** 2060

267 Le terme NEET est utilisé pour décrire les jeunes qui ne travaillent pas et ne suivent pas d'études ni de formation. Quelle est la signification de l'acronyme NEET ?

❍ **a.** Non en Études Et au Travail
❍ **b.** Non employé ni En transition
❍ **c.** Neither in Employment nor in education or training
❍ **d.** Non employed or Employed Transitory

268 Selon Eurostat, quel est approximativement le nombre de jeunes NEET en France début 2023 ?

❍ **a.** 300 000 ❍ **b.** 600 000
❍ **c.** 1 million ❍ **d.** 1,3 million

269 Quelle est la part moyenne des femmes dans le top 5 des rémunérations des entreprises françaises de plus de 50 salariés en 2022 ?

❍ **a.** 10 % ❍ **b.** 20 % ❍ **c.** 30 % ❍ **d.** 40 %

270 Selon les données publiées par l'INSEE, de combien d'heures de temps libre par jour les Français disposent-ils en moyenne, début 2023 ?

❍ **a.** 4 ❍ **b.** 5 ❍ **c.** 7 ❍ **d.** 8

271 En 2023, à quoi le temps libre des Français est-il principalement consacré ?

❍ **a.** La télévision
❍ **b.** Les jeux
❍ **c.** Le sport
❍ **d.** Ne rien faire

272 Quel est, début 2023, le taux d'investissement public français en pourcentage du PIB ?

❍ **a.** 5 %
❍ **b.** 9 %
❍ **c.** 15 %
❍ **d.** 21 %

273 Quelle est la part du budget de la PAC dans l'ensemble du budget de l'Union européenne sur le cadre financier pluriannuel européen 2021-2027 ?

❍ **a.** Un quart du budget global
❍ **b.** Un tiers du budget global
❍ **c.** La moitié du budget global
❍ **d.** 60 % du budget global

274 Quel pays membre de l'Union européenne est le plus grand bénéficiaire des aides de la politique agricole commune en 2022 ?

❍ **a.** L'Espagne
❍ **b.** La France
❍ **c.** L'Italie
❍ **d.** La Pologne

275 Quel est, approximativement, le patrimoine brut moyen des ménages français début 2023 ?

❍ **a.** 70 000 € ❍ **b.** 120 000 €
❍ **c.** 270 000 € ❍ **d.** 350 000 €

276 Dans l'ensemble du patrimoine des ménages français en 2022, quelle est la part des biens immobiliers ?

❍ **a.** 25 % ❍ **b.** 45 % ❍ **c.** 60 % ❍ **d.** 75 %

277 Quel pays membre de l'Union européenne est le plus grand contributeur au budget de l'UE en 2023 ?

❍ **a.** L'Allemagne ❍ **b.** Les Pays-Bas
❍ **c.** La France ❍ **d.** L'Italie

278 Quel pays membre de l'Union européenne est le plus grand contributeur net au budget de l'UE en 2023 ?

❍ **a.** L'Allemagne
❍ **b.** Les Pays-Bas
❍ **c.** La France
❍ **d.** L'Italie

279 Quel pays membre de l'Union européenne est le plus grand bénéficiaire du budget de l'UE en 2023 ?

❍ **a.** La Bulgarie
❍ **b.** L'Espagne
❍ **c.** Le Portugal
❍ **d.** La République tchèque

280 Quel est le nombre de retraités en France début 2023 ?

❍ **a.** 14 millions
❍ **b.** 17 millions
❍ **c.** 20 millions
❍ **d.** 23 millions

281 Au cours du premier semestre 2022, la France a assuré la présidence du Conseil de l'Union européenne. Combien de fois l'aura-t-elle assurée depuis 1957 ?

❍ **a.** 3 fois ❍ **b.** 6 fois ❍ **c.** 9 fois ❍ **d.** 13 fois

282 Plusieurs pays d'Europe centrale, comme actuellement la Hongrie et la Pologne, freinent l'harmonisation sociale. Or, au sein de l'UE, existe le Socle européen des droits sociaux. Quand et où ce texte a-t-il été adopté ?

❍ **a.** À Amsterdam en 1999 ❍ **b.** À Nice en 2001
❍ **c.** À Lisbonne en 2009 ❍ **d.** À Göteborg en 2017

283 Quelle est la marque de luxe la plus valorisée au monde en 2023 ?

❍ **a.** Chanel ❍ **b.** Hermès
❍ **c.** Louis Vuitton ❍ **d.** Gucci

284 **Avec quel pays la France a-t-elle le plus important déficit extérieur en 2023 ?**

❍ **a.** L'Allemagne
❍ **b.** La Chine
❍ **c.** Les États-Unis
❍ **d.** La Grande-Bretagne

285 **Qui est, en 2023, le PDG du groupe Danone ?**

❍ **a.** Emmanuel Faber
❍ **b.** Patrick Pouyanné
❍ **c.** Alexandre Bompard
❍ **d.** Antoine de Saint-Affrique

286 **En 2030, quel sera le premier pays producteur de puces électroniques au monde ?**

❍ **a.** Taiwan
❍ **b.** Chine
❍ **c.** Corée du Sud
❍ **d.** Japon

287 **En 2023, quelle est la catégorie socioprofessionnelle la plus représentée en France ?**

❍ **a.** Employés
❍ **b.** Professions intermédiaires
❍ **c.** Ouvriers
❍ **d.** Cadres supérieurs

288 **Selon une étude européenne de début 2022, dans quel pays a-t-on fait le plus de grèves sur la période 2015-2020 ?**

❍ **a.** L'Allemagne
❍ **b.** La Belgique
❍ **c.** La France
❍ **d.** L'Espagne

289 **Selon les Nations unies, quel sera le trio de tête des pays les plus peuplés en 2100, dans l'ordre ?**

❍ **a.** Inde, Chine, États-Unis
❍ **b.** Inde, Nigéria, Chine
❍ **c.** Inde, Pakistan, Nigéria
❍ **d.** Chine, Inde, Nigéria

290 **En 2023 est commémoré le centenaire du décès d'un important architecte-ingénieur français. De qui s'agit-il ?**

❍ **a.** Gustave Eiffel
❍ **b.** Jean Nouvel
❍ **c.** Auguste Perret
❍ **d.** Henri Sauvage

291 Selon une étude de l'INSEE de 2023, dans le secteur privé, quel est l'écart de salaire entre femmes et hommes à temps de travail et à postes comparables ?

❍ **a.** 4 % ❍ **b.** 6 %
❍ **c.** 10 % ❍ **d.** 16 %

292 En 2023, quel est en France le taux moyen d'imposition sur les sociétés ?

❍ **a.** 19,6 % ❍ **b.** 24,2 % ❍ **c.** 28,4 % ❍ **d.** 33 %

293 Début 2023, combien y a-t-il de contrats d'apprentissage en cours en France ?

❍ **a.** 800 000
❍ **b.** 1 000 000
❍ **c.** 1 200 000
❍ **d.** 1 500 000

294 Quel est, en 2023, le principal partenaire économique de l'Union européenne ?

❍ **a.** Les États-Unis
❍ **b.** Le Royaume-Uni
❍ **c.** La Chine
❍ **d.** La Suisse

295 Quels sont les différents taux de TVA en France en 2023 (hors Corse et Outre-mer) ?

❍ **a.** 20 %, 10 %, 5,5 % et 2,1 %
❍ **b.** 19,6 %, 10 %, 7 % et 2,1 %
❍ **c.** 20 %, 7 %, 5 % et 2 %
❍ **d.** 20 %, 7 %, 5,5 % et 2 %

296 Quelle est l'administration publique qui, en France, en 2023, prélève le plus en pourcentage du PIB ?

❍ **a.** État, organismes divers d'administration centrale (ODAC)
❍ **b.** Administrations publiques locales (APUL)
❍ **c.** Administrations de Sécurité sociale (ASSO)

297 **Quel est, en France, en 2023, le niveau du taux de dépendance des retraites ? Le taux de dépendance est mesuré par le rapport entre la population des jeunes et des personnes âgées (moins de 20 ans et 60 ans et plus) et la population en âge de travailler (20 à 59 ans).**

❍ **a.** 45 % ❍ **b.** 50 % ❍ **c.** 60 % ❍ **d.** 65 %

298 **En 2023, les inégalités de revenus primaires sont en France :**

❍ **a.** Inférieures à la moyenne des pays membres de l'Union européenne
❍ **b.** Égales à la moyenne des pays membres de l'Union européenne
❍ **c.** Supérieures à la moyenne des pays membres de l'Union européenne

299 **De combien est l'écart interdécile des revenus primaires, par unité de consommation, y compris les retraites, en France en 2022 ?**

❍ **a.** 3,5 ❍ **b.** 5,8 ❍ **c.** 7,1 ❍ **d.** 8,4

300 **En 2023, vingt-six magasins Galeries Lafayette sont mis sous sauvegarde du tribunal de commerce de Bordeaux. Qui est le propriétaire de ces magasins ?**

❍ **a.** Alain Afflelou
❍ **b.** Vincent Bolloré
❍ **c.** Michel Ohayon
❍ **d.** François-Henri Pinault

301 **Quelle est, en 2023, la plus grande entreprise pharmaceutique au monde par rapport au chiffre d'affaires ?**

❍ **a.** Novartis
❍ **b.** Sanofi
❍ **c.** Johnson & Johnson
❍ **d.** Roche

302 **En 2000, le cours mondial de la tonne de blé était de 110 dollars. Quel est ce cours en septembre 2023 ?**

❍ **a.** environ 90 dollars ❍ **b.** environ 120 dollars
❍ **c.** environ 240 dollars ❍ **d.** environ 450 dollars

303 **Quelle est, en France en 2022, le part des recettes perdues de l'impôt sur les sociétés du fait des transferts artificiels de profits dans les paradis fiscaux, en pourcentage ?**

❍ **a.** 8 % ❍ **b.** 12 % ❍ **c.** 26 % ❍ **d.** 34 %

304 **Quelle est la forme principale sous laquelle l'épargne des Français est détenue en 2023 ?**

❍ **a.** Épargne réglementée
❍ **b.** Épargne liquide ou sur comptes courants
❍ **c.** Assurance vie en unités de compte (produits risqués)
❍ **d.** Assurance vie en support euro (produits sans risque)

305 **Quel est le taux d'intérêt des prêts garantis par l'État accordés pour soutenir l'économie en raison de la crise sanitaire ?**

❍ **a.** 0 %
❍ **b.** 1 %
❍ **c.** 1 à 1,5 % pour des prêts remboursés d'ici 2022 ou 2023, 2 à 2,5 % pour des prêts remboursés d'ici 2024 à 2026
❍ **d.** 3 % pour des prêts remboursés d'ici 2024, 5 % pour les échéances suivantes

306 **En juin 2022 a pris fin le dispositif de versement de prêts garantis par l'État accordés pour soutenir l'économie en raison de la crise sanitaire. Quelle est la valeur globale de ces prêts ?**

❍ **a.** 50 milliards d'euros ❍ **b.** 100 milliards d'euros
❍ **c.** 300 milliards d'euros ❍ **d.** 500 milliards d'euros

307 **Quelle part le secteur tertiaire occupe-t-il en France en 2023 ?**

❍ **a.** 62 % ❍ **b.** 70 % ❍ **c.** 76 % ❍ **d.** 82 %

308 **Qu'est-ce que le plan « Next Generation EU » approuvé le 13 juillet 2021 ?**

❍ **a.** Un plan de relance de la natalité au sein de l'UE
❍ **b.** Un plan de relance de la formation et de l'éducation des jeunes au sein de l'UE
❍ **c.** Un plan de relance de l'industrie aérospatiale au sein de l'UE
❍ **d.** Un plan de relance économique fondé sur des aides pour relever l'Union européenne de la pandémie liée à la Covid-19

309 **Dans le cadre du plan « Next Generation EU », quel est le montant de la dotation dont bénéficie la France ?**

❍ **a.** 10 milliards d'euros
❍ **b.** 40 milliards d'euros
❍ **c.** 80 milliards d'euros
❍ **d.** 130 milliards d'euros

310 **Quelle est en France, en 2023, la part des énergies renouvelables dans la consommation brute finale d'énergie ?**

❍ **a.** environ 5 %
❍ **b.** environ 10 %
❍ **c.** environ 20 %
❍ **d.** environ 30 %

311 **Quelle est la principale filière de production primaire d'énergies renouvelables en France en 2023 ?**

❍ **a.** Bois énergie
❍ **b.** Hydraulique renouvelable
❍ **c.** Éolien
❍ **d.** Biocarburants

312 **Quelle est la première flotte commerciale par pavillon d'immatriculation en 2023 dans le monde ?**

❍ **a.** Le Panama
❍ **b.** Le Japon
❍ **c.** L'Indonésie
❍ **d.** La Chine

313 **Quelle est la place du domaine maritime français dans le monde en 2023 ?**

❍ **a.** Première place
❍ **b.** Deuxième place
❍ **c.** Troisième place
❍ **d.** Quatrième place

CORRIGÉS

1 **b**	2 **c**	3 **c**	4 **a**	5 **c**	6 **c**	7 **d**	8 **b**	9 **c**	10 **a**
11 **c**	12 **b**	13 **b**	14 **b**	15 **b**	16 **d**	17 **a**	18 **b**	19 **a**	20 **b**
21 **b**	22 **b**	23 **d**	24 **c**	25 **a**	26 **d**	27 **c**	28 **c**	29 **a**	30 **c**
31 **c**	32 **b**	33 **c**	34 **c**	35 **d**	36 **c**	37 **c**	38 **c**	39 **c**	40 **b**
41 **c**	42 **d**	43 **d**	44 **b**	45 **c**	46 **c**	47 **d**	48 **a**	49 **c**	50 **c**
51 **c**	52 **b**	53 **c**	54 **a**	55 **a**	56 **b**	57 **d**	58 **b**	59 **a**	60 **d**
61 **a**	62 **d**	63 **b**	64 **d**	65 **c**	66 **b**	67 **d**	68 **d**	69 **b**	70 **c**
71 **b**	72 **d**	73 **c**	74 **a**	75 **c**	76 **d**	77 **c**	78 **c**	79 **b**	80 **d**
81 **b**	82 **b**	83 **c**	84 **c**	85 **d**	86 **a**	87 **c**	88 **d**	89 **c**	90 **a**
91 **d**	92 **b**	93 **b**	94 **a**	95 **b**	96 **c**	97 **d**	98 **b**	99 **d**	100 **d**
101 **c**	102 **c**	103 **a**	104 **a**	105 **d**	106 **b**	107 **c**	108 **d**	109 **a**	110 **d**
111 **c**	112 **a**	113 **d**	114 **b**	115 **c**	116 **c**	117 **c**	118 **b**	119 **c**	120 **b**
121 **b**	122 **d**	123 **b**	124 **a**	125 **b**	126 **d**	127 **d**	128 **c**	129 **d**	130 **c**
131 **a**	132 **d**	133 **d**	134 **d**	135 **d**	136 **c**	137 **d**	138 **c**	139 **a**	140 **a**
141 **b**	142 **b**	143 **a**	144 **c**	145 **c**	146 **a**	147 **c**	148 **b**	149 **a**	150 **a**
151 **b**	152 **c**	153 **d**	154 **c**	155 **d**	156 **a**	157 **a**	158 **a**	159 **b**	160 **c**
161 **a**	162 **a**	163 **c**	164 **c**	165 **a**	166 **b**	167 **c**	168 **a**	169 **b**	170 **b**
171 **c**	172 **a**	173 **c**	174 **c**	175 **b**	176 **b**	177 **a**	178 **b**	179 **c**	180 **b**
181 **c**	182 **c**	183 **d**	184 **d**	185 **d**	186 **d**	187 **c**	188 **d**	189 **a**	190 **c**
191 **c**	192 **d**	193 **d**	194 **d**	195 **b**	196 **b**	197 **b**	198 **d**	199 **a**	200 **c**
201 **b**	202 **b**	203 **b**	204 **b**	205 **c**	206 **d**	207 **c**	208 **d**	209 **c**	210 **c**

211 **b**	212 **b**	213 **c**	214 **d**	215 **a**	216 **d**	217 **c**	218 **a**	219 **c**	220 **d**
221 **d**	222 **c**	223 **c**	224 **d**	225 **b**	226 **d**	227 **c**	228 **b**	229 **c**	230 **c**
231 **c**	232 **a**	233 **a**	234 **c**	235 **a**	236 **c**	237 **b**	238 **b**	239 **a**	240 **c**
241 **d**	242 **d**	243 **d**	244 **b**	245 **b**	246 **d**	247 **d**	248 **b**	249 **c**	250 **c**
251 **a**	252 **c**	253 **d**	254 **a**	255 **b**	256 **c**	257 **d**	258 **c**	259 **c**	260 **b**
261 **a**	262 **b**	263 **d**	264 **a**	265 **b**	266 **a**	267 **c**	268 **c**	269 **c**	270 **c**
271 **a**	272 **a**	273 **b**	274 **b**	275 **c**	276 **c**	277 **d**	278 **a**	279 **d**	280 **b**
281 **d**	282 **d**	283 **c**	284 **b**	285 **d**	286 **b**	287 **b**	288 **c**	289 **b**	290 **a**
291 **a**	292 **c**	293 **b**	294 **c**	295 **a**	296 **c**	297 **c**	298 **a**	299 **b**	300 **c**
301 **c**	302 **c**	303 **c**	304 **d**	305 **c**	306 **c**	307 **c**	308 **d**	309 **b**	310 **c**
311 **a**	312 **a**	313 **b**							

PARTIE 2

FRANCE

QCM

1 Aux élections législatives de 2022, quelle est la part des femmes siégeant à l'Assemblée nationale ?

❍ **a.** 29 %   ❍ **b.** 37 %
❍ **c.** 40 %   ❍ **d.** 47 %

2 Quel est le nombre d'ouvriers députés depuis 2022 en France ?

❍ **a.** 0   ❍ **b.** 4   ❍ **c.** 8   ❍ **d.** 12

3 Quelle est la part de la catégorie socioprofessionnelle « Cadres et professions intellectuelles supérieures » à l'Assemblée nationale depuis 2022 ?

❍ **a.** 47 %   ❍ **b.** 58 %
❍ **c.** 65 %   ❍ **d.** 76 %

4 Quel est le mouvement politique qui, en 2023, a le plus de sièges au Parlement ?

❍ **a.** Renaissance soutenue par La République en marche et le MoDem
❍ **b.** Europe Écologie
❍ **c.** Le Rassemblement national
❍ **d.** L'UDC

5 Quel est l'âge moyen auquel les jeunes Français quittent le domicile parental en 2023 ?

❍ **a.** 21 ans
❍ **b.** 24 ans
❍ **c.** 29 ans
❍ **d.** 32 ans

6 **Quel est, en France en 2023, le nombre de résidents en établissements d'hébergement pour personnes âgées (EHPA) ?**

❍ **a.** Environ 500 000
❍ **b.** Environ 750 000
❍ **c.** Environ 900 000
❍ **d.** Environ 1 300 000

7 **En 2022, on a beaucoup entendu parler des EHPAD. Quelle est la signification de cet acronyme ?**

❍ **a.** Établissement hospitalier public d'admission départementale
❍ **b.** Établissement hospitalier privé d'admission départementale
❍ **c.** Établissement d'hébergement pour personnes âgées dépendantes
❍ **d.** Établissement pour handicapés âgés et dépendants

8 **Le nombre de places en EHPAD est, en France en 2023, d'environ :**

❍ **a.** 300 000
❍ **b.** 600 000
❍ **c.** 1,2 million
❍ **d.** 2,3 millions

9 **Quel est, en 2023, l'âge moyen d'entrée en EHPAD ?**

❍ **a.** 82 ans
❍ **b.** 85 ans
❍ **c.** 91 ans
❍ **d.** 93 ans

10 **Quelle est la durée approximative de séjour en EHPAD en France en 2023 ?**

❍ **a.** 9 mois
❍ **b.** 1 an et 8 mois
❍ **c.** 2 ans et 7 mois
❍ **d.** 3 ans et 11 mois

11 Combien y a-t-il d'EHPAD en France en 2023 ?

❍ **a.** 6 500 ❍ **b.** 7 500
❍ **c.** 9 400 ❍ **d.** 11 600

12 Quel pays a la proportion de personnes âgées de plus de 60 ans la plus élevée de l'Union européenne en 2023 ?

❍ **a.** L'Allemagne
❍ **b.** La France
❍ **c.** L'Italie
❍ **d.** L'Espagne

13 Quelle structure d'EHPAD accueille en France en 2023 le plus grand nombre de résidents ?

❍ **a.** Établissements privés commerciaux
❍ **b.** Établissements privés à but non lucratif
❍ **c.** Établissements publics

14 Le 16 janvier 2022 était commémorée la naissance de Molière. Quand est-il né ?

❍ **a.** 1572 ❍ **b.** 1622
❍ **c.** 1672 ❍ **d.** 1722

15 Quel est, en 2023, le premier poste du patrimoine des ménages français ?

❍ **a.** Les actions et parts de fonds d'investissement
❍ **b.** Les constructions et terrains
❍ **c.** Les crédits
❍ **d.** Les numéraires et dépôts

16 Combien y a-t-il d'agences régionales de santé (ARS) en France en 2023 ?

❍ **a.** 9 ❍ **b.** 12 ❍ **c.** 18 ❍ **d.** 26

17 Quel est le nom de la loi relative à l'organisation et à la transformation du système de santé français ?

- ❍ **a.** Santé 2021
- ❍ **b.** Ma santé 2022, un engagement collectif
- ❍ **c.** Avenir Santé
- ❍ **d.** La santé partout, pour tous

18 Quel a été le taux de réussite au baccalauréat en 2023 ?

- ❍ **a.** 83 %
- ❍ **b.** 87,6 %
- ❍ **c.** 94 %
- ❍ **d.** 96 %

19 Quel a été le taux de réussite au baccalauréat en 2022 ?

- ❍ **a.** 85 %
- ❍ **b.** 88 %
- ❍ **c.** 91 %
- ❍ **d.** 96 %

20 En France, en 2023, quelle est la durée moyenne de fonctionnement d'un téléviseur par jour dans une famille ?

- ❍ **a.** 4 h 05
- ❍ **b.** 4 h 51
- ❍ **c.** 5 h 23
- ❍ **d.** 6 h 46

21 Quelle est la part du patrimoine hérité dans le patrimoine total en France en 2023 ?

- ❍ **a.** 30 %
- ❍ **b.** 40 %
- ❍ **c.** 50 %
- ❍ **d.** 60 %

22 Quelle est, en 2022, la part des dettes financières dans l'endettement global des ménages français ?

❍ **a.** 41 %
❍ **b.** 57 %
❍ **c.** 69 %
❍ **d.** 75 %

23 En 2022, combien de dossiers de surendettement des ménages ont été jugés recevables ?

❍ **a.** 80 000
❍ **b.** 115 000
❍ **c.** 205 000
❍ **d.** 350 000

24 En janvier 2022, la « bataille de l'eau » entre Veolia et Suez s'est achevée. Quelle décision a été prise ?

❍ **a.** Veolia devient propriétaire de Suez
❍ **b.** Suez devient propriétaire de Veolia
❍ **c.** Veolia et Suez fusionnent et disparaissent pour donner naissance à l'entité Veoluez
❍ **d.** Veolia et Suez passent sous la coupe du concurrent américain American Water

25 Quel est le niveau du RSA par rapport au seuil de pauvreté en France en 2023 ?

❍ **a.** 50 % environ
❍ **b.** 60 % environ
❍ **c.** 70 % environ
❍ **d.** 80 % environ

26 Le 1er janvier 2022, une disposition particulière concernant la contraception se met en place en France ; laquelle ?

❍ **a.** La gratuité de la contraception aux jeunes femmes de moins de 20 ans

❍ **b.** La gratuité de la consultation d'un prescripteur de moyens contraceptifs pour les jeunes femmes de moins de 20 ans

❍ **c.** La gratuité de la contraception aux jeunes femmes de moins de 26 ans

❍ **d.** La gratuité totale de la « pilule du lendemain » pour les jeunes femmes de moins de 25 ans

27 En 2023, Gérald Darmanin a engagé une procédure de dissolution d'un mouvement à l'origine de plusieurs « actions violentes » contre la construction de méga-bassines. Cette décision a été suspendue par le Conseil d'État. Quel est ce mouvement ?

❍ **a.** Extinction Rebellion

❍ **b.** Les Soulèvements de la Terre

❍ **c.** Attac

❍ **d.** La Confédération paysanne

28 Très régulièrement, notamment suite aux manifestations des Gilets jaunes, l'IGPN est mobilisée. Quelle est la signification de cet acronyme ?

❍ **a.** Institut général de la protection nationale

❍ **b.** Institution gouvernementale de la Police nationale

❍ **c.** Inspection générale de la Police nationale

❍ **d.** Institut des grandes personnalités nationales

29 En moyenne, chaque année, combien l'IGPN prononce-t-elle de sanctions ?

❍ **a.** 100 ❍ **b.** 300 ❍ **c.** 500 ❍ **d.** 1 000

30 **En 2022, La France a proposé deux sites à inscrire au patrimoine mondial de l'UNESCO. Quels sont ces sites ?**

❍ **a.** Les Îles Marquises et le chemin de fer de Cerdagne

❍ **b.** Le Château de Vaux-le-Vicomte et les grottes à concrétions du sud de la France

❍ **c.** L'observatoire du pic du Midi de Bigorre et Saint-Honorat, île monastique de l'archipel de Lérins à Cannes

❍ **d.** Le Centre ancien de Sarlat et les aires volcaniques et forestières de la Martinique

31 **Quelle est la signification de l'acronyme PMA ?**

❍ **a.** Procréation médicamenteuse alternative

❍ **b.** Pratique médicamenteuse pour l'avortement

❍ **c.** Procréation médicalement assistée

❍ **d.** Pose de médicaments contre l'avortement

32 **Quelle est, en 2022, la part des enfants conçus après une PMA en France par rapport à l'ensemble des nouveau-nés ?**

❍ **a.** Environ 4 %

❍ **b.** Environ 10 %

❍ **c.** Environ 17 %

❍ **d.** Environ 25 %

33 **Quelle est, selon l'Inserm, la proportion des couples infertiles en France en 2023 ?**

❍ **a.** 5 %

❍ **b.** 10 %

❍ **c.** 15 %

❍ **d.** 20 %

34 **Quelle est la part du capital des sociétés françaises du CAC 40 détenue par des non-résidents en 2023 ?**

❍ **a.** 30 %

❍ **b.** 40 %

❍ **c.** 50 %

❍ **d.** 60 %

35 **En octobre 2022, à l'occasion du meurtre d'une jeune adolescente, est évoqué le statut de OQTF. Quelle est la signification de cet acronyme ?**

❍ **a.** Ordonnance de quitter le territoire français
❍ **b.** Obligation de quitter le territoire français
❍ **c.** Ordre de quitter le territoire français
❍ **d.** Offre de quitter le territoire français

36 **Quel chef d'entreprise a décidé, fin 2022, de transférer les parts de l'entreprise qu'il a fondée à un trust chargé de faire respecter ses valeurs et à une association de protection de la nature ?**

❍ **a.** Le patron de Patagonia
❍ **b.** Le patron d'Adidas
❍ **c.** Le patron de Space X
❍ **d.** Le patron d'Intel

37 **En septembre 2022, Emmanuel Macron lance le CNR. Quelle est la signification de cet acronyme ?**

❍ **a.** Conseil national de la résistance
❍ **b.** Comité national des retraites
❍ **c.** Conseil national de la refondation
❍ **d.** Comité national des réfugiés

38 **Quel est, en 2023, le rang de la production agricole française au sein de l'Union européenne ?**

❍ **a.** Premier
❍ **b.** Deuxième
❍ **c.** Troisième
❍ **d.** Quatrième

39 **Qui est, en 2023, à la tête de la RATP ?**

❍ **a.** Jean-Michel Blanquer
❍ **b.** Édouard Philippe
❍ **c.** Jean Castex
❍ **d.** Christophe Castaner

40 **Quel est, au 1er juillet 2023, le nombre approximatif de personnes incarcérées en France ?**

❍ **a.** 55 000
❍ **b.** 75 000
❍ **c.** 90 000
❍ **d.** 110 000

41 **En 2023, l'euthanasie est :**

❍ **a.** Illégale en France
❍ **b.** Tolérable dans certaines situations de douleurs incontrôlables
❍ **c.** Légale en Allemagne
❍ **d.** Un acte réalisé sur prescription médicale

42 **L'éthique :**

❍ **a.** Est équivalente en sens à la morale
❍ **b.** Est synonyme du respect des lois
❍ **c.** Est arrêtée par le ministère de la Santé
❍ **d.** Est au carrefour de la morale, du social et des lois

43 **Au regard de la loi française actuelle, qu'est-ce qu'un féminicide ?**

❍ **a.** Une violence conjugale
❍ **b.** Un comportement de discrimination à l'égard des femmes
❍ **c.** Un meurtre d'une femme ou d'une fille pour la raison qu'elle est une femme
❍ **d.** Une discrimination positive à l'égard des femmes

44 **Selon les statistiques du ministère de l'Intérieur publiées en 2023, quel a été le nombre approximatif de coups et blessures enregistrés en France en 2022 ?**

❍ **a.** 70 000
❍ **b.** 150 000
❍ **c.** 190 000
❍ **d.** 320 000

45 Selon les statistiques du ministère de l'Intérieur publiées en 2023, quel a été le nombre approximatif de violences sexuelles enregistrées en France en 2022 ?

❍ **a.** 17 200
❍ **b.** 26 500
❍ **c.** 56 200
❍ **d.** 84 500

46 Où a été lancé, fin 2022, le premier parc éolien en mer en France ?

❍ **a.** Au large de Saint-Nazaire
❍ **b.** Au large de Saint-Malo
❍ **c.** Au large du Touquet
❍ **d.** Au large de La Rochelle

47 Depuis quelques années en France, suite à des situations indésirables, s'est peu à peu imposée la mise en place d'un Code des relations pastorales. De quoi s'agit-il ?

❍ **a.** Mesures pour lutter contre les abus sexuels dans l'église de Strasbourg
❍ **b.** Une ancienne règle canonique
❍ **c.** Un code secret entre prêtres
❍ **d.** Des codes paysans ancestraux

48 Quel est le nom de l'instance qui remplace, en février 2022, le Conseil français du culte musulman de France ?

❍ **a.** Regroupement des musulmans français
❍ **b.** Fédération des musulmans de France
❍ **c.** Forum de l'islam de France
❍ **d.** Conseil de l'islam de France

49 Qui est, en 2023, le ministre de l'Europe et des Affaires étrangères ?

❍ **a.** Sébastien Lecornu ❍ **b.** Julien Denormandie
❍ **c.** Catherine Colonna ❍ **d.** Bernard Cazeneuve

50 **En septembre 2023, qui est le président du Sénat ?**

❍ **a.** Richard Ferrand
❍ **b.** Gérard Larcher
❍ **c.** François Poncelet
❍ **d.** François De Rugy

51 **En septembre 2023, qui est le président de l'Assemblée nationale ?**

❍ **a.** Yaël Braun-Pivet
❍ **b.** Gérard Larcher
❍ **c.** François Poncelet
❍ **d.** François de Rugy

52 **En France, que désigne le garde des Sceaux ?**

❍ **a.** Le ministre de la Justice
❍ **b.** Le ministre des Affaires étrangères
❍ **c.** Le ministre de l'Économie et des Finances
❍ **d.** Le ministre de l'Intérieur

53 **En août 2023, qui est le garde des Sceaux ?**

❍ **a.** Christiane Taubira
❍ **b.** Nicole Belloubet
❍ **c.** Éric Dupond-Moretti
❍ **d.** Agnès Buzyn

54 **Quel est le nom du Défenseur des droits en 2023 ?**

❍ **a.** Jacques Toubon
❍ **b.** Claire Hédon
❍ **c.** François Bayrou
❍ **d.** Éric Dupond Moretti

55 **Quelle est, en 2023, la part de la surface de la France consacrée à l'agriculture ?**

❍ **a.** 18 % ❍ **b.** 28 % ❍ **c.** 38 % ❍ **d.** 48 %

56 **En 2022, le Parlement modifie la durée légale de pratique d'une IVG. Quel est désormais ce délai ?**

❍ **a.** 12 semaines
❍ **b.** 14 semaines
❍ **c.** 16 semaines
❍ **d.** 18 semaines

57 **Quelle est, en 2023 en France, la part des femmes dans la population totale ?**

❍ **a.** 48,2 %
❍ **b.** 49,2 %
❍ **c.** 51,7 %
❍ **d.** 52,0 %

58 **Quel est le nombre approximatif de contrats d'apprentissage signés en France en 2022 ?**

❍ **a.** 470 000
❍ **b.** 580 000
❍ **c.** 830 000
❍ **d.** 960 000

59 **Quel est le premier poste de consommation des ménages français en 2023 ?**

❍ **a.** Transport
❍ **b.** Logement, électricité, eau
❍ **c.** Santé
❍ **d.** Loisirs

60 **Dans quel type d'entreprise les deux tiers des contrats d'apprentissage ont-ils été signés en 2022 ?**

❍ **a.** Entreprises de 0 à 49 salariés
❍ **b.** Entreprises de 50 à 249 salariés
❍ **c.** Entreprises de 250 à 999 salariés
❍ **d.** Entreprises de plus de 1 000 salariés

61 **En mars 2022, une polémique naît du recours important de l'État français à des cabinets privés de conseil pour éclairer les choix du gouvernement. Quel est le cabinet qui cristallise la polémique ?**

❍ **a.** EY ❍ **b.** Roland Berger
❍ **c.** Capgemini ❍ **d.** McKinsey

62 **Selon l'Observatoire de la pauvreté, combien de personnes vivent sous le seuil de pauvreté en France en 2023 ?**

❍ **a.** 2,6 millions
❍ **b.** 3,7 millions
❍ **c.** 4,8 millions
❍ **d.** 5,9 millions

63 **En mai 2022, un Français a été canonisé par le pape François. De qui s'agit-il ?**

❍ **a.** Joseph Wresinski ❍ **b.** Jacques Hamel
❍ **c.** Charles de Foucauld ❍ **d.** Pierre Goursat

64 **En avril 2022, pour la première fois en France, une plateforme a été condamnée pour travail dissimulé. Quelle est cette plateforme ?**

❍ **a.** Uber Eats
❍ **b.** Airbnb
❍ **c.** eBay
❍ **d.** Deliveroo France

65 **Selon une étude de l'Observatoire français des drogues et des tendances additives de décembre 2022, quelle est la part des Français âgés de 18 à 64 ans qui ont un usage de cannabis ?**

❍ **a.** 1,7 %
❍ **b.** 2,9 %
❍ **c.** 4,3 %
❍ **d.** 6,4 %

66 **Quel homme politique français a dû démissionner, en 2022, lors de l'invasion de l'Ukraine par la Russie, de ses postes de responsabilité dans d'importantes entreprises pétrolières russes ?**

❍ **a.** François Fillon
❍ **b.** Éric Woerth
❍ **c.** Nicolas Sarkozy
❍ **d.** Manuel Valls

67 **En 2022, un département français fêtait ses 100 ans. Lequel ?**

❍ **a.** La Corse
❍ **b.** Le Territoire de Belfort
❍ **c.** Les Yvelines
❍ **d.** Les Pyrénées atlantiques

68 **Les Gilets jaunes, tout comme des partis politiques de gauche durant les élections présidentielles de 2022, ont réclamé que soit adopté le processus du RIC. Que signifie cet acronyme ?**

❍ **a.** Référendum d'initiative citoyenne
❍ **b.** Référendum d'initiative collective
❍ **c.** Référendum d'initiative civile
❍ **d.** Référendum d'initiative communale

69 **Quel a été le taux de participation au second tour des élections présidentielles de 2022 en France ?**

❍ **a.** 41,7 % ❍ **b.** 54,9 % ❍ **c.** 67,2 % ❍ **d.** 72 %

70 **En 2023, en France, un enseignant certifié a un salaire statutaire après quinze ans d'ancienneté :**

❍ **a.** 150 % supérieur à la moyenne de l'OCDE
❍ **b.** 40 % supérieur à la moyenne de l'OCDE
❍ **c.** Identique à la moyenne de l'OCDE
❍ **d.** 20 % inférieur à la moyenne de l'OCDE

71 **Quel est, en France en 2022, le solde naturel de population ?**

❍ **a.** – 18 000
❍ **b.** + 18 000
❍ **c.** + 56 000
❍ **d.** + 117 000

72 **Qui est, en 2023, le ministre des Armées ?**

❍ **a.** Élisabeth Borne
❍ **b.** François Braun
❍ **c.** Stanislas Guerini
❍ **d.** Sébastien Lecornu

73 **Dans le Gouvernement Borne, qui est ministre de la Transition écologique et de la Cohésion des territoires ?**

❍ **a.** Catherine Colonna
❍ **b.** Christophe Béchu
❍ **c.** Emmanuelle Wargon
❍ **d.** Jean-Baptiste Djebbari

74 **Créée à la suite de l'élection présidentielle française de 2022, la NUPES est une coalition de partis politiques de gauche. Quelle est la signification de cet acronyme ?**

❍ **a.** Nouvelle Unité pour une économie socialiste
❍ **b.** Nouvelle Unité populaire économique et sociale
❍ **c.** Nouveau Parti pour l'écologie et le social
❍ **d.** Nouvelle Union populaire écologique et sociale

75 **Élisabeth Borne est nommée, en mai 2022, Première ministre. C'est la seconde femme à ce poste en France. Qui était la première ?**

❍ **a.** Simone Veil
❍ **b.** Ségolène Royal
❍ **c.** Françoise Giroud
❍ **d.** Édith Cresson

76 **En 2022, une entreprise spécialisée dans le transport de conteneurs entre au capital du groupe Air France-KLM. Laquelle ?**

❍ **a.** Moller-Maersk
❍ **b.** CMA-CGM
❍ **c.** COSCO
❍ **d.** Evergreen

77 **Quelle est l'importance estimée de la population musulmane en France en 2023 ?**

❍ **a.** 3,5 millions
❍ **b.** 5 millions
❍ **c.** 6,5 millions
❍ **d.** 8 millions

78 **Combien y a-t-il, en 2023, de mosquées ou de lieux de culte musulman en France ?**

❍ **a.** Environ 1 500
❍ **b.** Environ 2 500
❍ **c.** Environ 5 000
❍ **d.** Environ 8 000

79 **Quelle est, en 2023, la plus grande mosquée sur le territoire français ?**

❍ **a.** La Grande mosquée de Paris
❍ **b.** La Grande mosquée de Strasbourg
❍ **c.** La mosquée d'Évry-Courcouronnes
❍ **d.** La mosquée des Cèdres de Marseille

80 **Quel est le nombre approximatif des infirmiers et infirmières en France au début 2023 ?**

❍ **a.** 425 000
❍ **b.** 618 000
❍ **c.** 764 000
❍ **d.** 915 000

81 **Quelle est la part des infirmiers et infirmières salariés dans le domaine hospitalier en France au début 2023 ?**

❍ **a.** 17 %
❍ **b.** 31 %
❍ **c.** 42 %
❍ **d.** 65 %

82 **En 2023, E. Macron a pris la décision de l'entrée au Panthéon d'une personne importante dans l'histoire de France. De qui s'agit-il ?**

❍ **a.** Arthur Rimbaud
❍ **b.** Missak Manouchian
❍ **c.** Olympe de Gouges
❍ **d.** Jean Monnet

83 **Selon une étude de 2023 de la Fondation Abbé Pierre, combien y aurait-il de SDF en France en 2023 ?**

❍ **a.** 23 000
❍ **b.** 163 000
❍ **c.** 330 000
❍ **d.** 426 000

84 **Quel est, début 2023, le PER (cours de Bourse/bénéfice par action) des actions sur le marché financier de Wall Street ?**

❍ **a.** 8
❍ **b.** 13
❍ **c.** 17
❍ **d.** 21

85 **Selon le Rapport 2022 de l'Observatoire national des violences en milieu de santé (ONVS), combien a-t-on enregistré de signalements d'atteintes aux personnes et aux biens, en 2022, en France ?**

❍ **a.** 6 000
❍ **b.** 10 000
❍ **c.** 19 000
❍ **d.** 30 000

86 **Selon le ministère de l'Intérieur, combien y a-t-il eu de victimes d'infractions à caractère homophobe ou transphobe en France en 2022 ?**

❍ **a.** Environ 500
❍ **b.** Environ 1 200
❍ **c.** Environ 2 500
❍ **d.** Environ 4 000

87 **Quel est le nombre total de soignants suspendus car non vaccinés en 2022 ?**

❍ **a.** 6 500
❍ **b.** 9 500
❍ **c.** 12 000
❍ **d.** 17 800

88 **Selon le ministère de l'Intérieur, combien y a-t-il eu d'infractions à caractère raciste et xénophobe en France en 2022 ?**

❍ **a.** Environ 7 500
❍ **b.** Environ 12 600
❍ **c.** Environ 17 600
❍ **d.** Environ 21 500

89 **Combien de procédures de « retours » dans le pays d'origine d'immigrés ont été réalisées en France en 2022 ?**

❍ **a.** 16 000
❍ **b.** 35 000
❍ **c.** 58 000
❍ **d.** 74 000

90 **Selon les données du ministère de l'Intérieur publiées début 2023, quel est le nombre d'immigrés en France ?**

❍ **a.** 4 millions
❍ **b.** 5,5 millions
❍ **c.** 6 millions
❍ **d.** 7,5 millions

91 **Qui est, en 2023, le Premier secrétaire du Parti socialiste ?**

❍ **a.** Olivier Faure
❍ **b.** Anne Hidalgo
❍ **c.** Nicolas Mayer-Rossignol
❍ **d.** Johanna Rolland

92 **Avec le réchauffement climatique, les épisodes de canicule sont plus fréquents en France. Comment définit-on la canicule ?**

❍ **a.** Épisode de températures élevées, de jour comme de nuit, sur une période prolongée
❍ **b.** Épisode bref, généralement de 24 à 48 heures, durant lequel les températures sont très au-dessus des normales de saison
❍ **c.** Épisode au cours duquel l'indicateur thermique national atteint ou dépasse 25,3 °C et reste élevé pendant au moins 3 jours
❍ **d.** Épisode au cours duquel la température locale dépasse 40 °C

93 **En moyenne, en 2023, quel est le temps passé par les jeunes Français de 13 à 19 ans sur internet par semaine ?**

❍ **a.** 14 heures
❍ **b.** 15 heures
❍ **c.** 18 heures
❍ **d.** 21 heures

94 **Il existe en France un plan d'urgence sanitaire lorsqu'un événement majeur survient et a des conséquences importantes sur le système de soins. Un tel plan a notamment été déclenché en mars 2020 face à la pandémie du Covid-19, et peut l'être dans des situations extrêmes susceptibles de se produire. Comment se nomme ce plan ?**

❍ **a.** Plan Rouge
❍ **b.** Plan ORSEC
❍ **c.** Plan ORSAN
❍ **d.** Plan Vigilance

95 **En septembre 2023, le gouvernement français a décidé de lancer une campagne de vaccination contre un virus qui prolifère depuis plusieurs années. Quel est ce virus ?**

❍ **a.** Le papillomavirus
❍ **b.** La dengue
❍ **c.** La tuberculose
❍ **d.** La variole

96 **Quelle structure succède au Conseil scientifique Covid-19 ?**

❍ **a.** Conseil du suivi des politiques sanitaires
❍ **b.** Comité de suivi des épidémies
❍ **c.** Comité de veille et d'anticipation des risques sanitaires
❍ **d.** Conseil d'observation des pandémies

97 **Quel est, en 2022, le premier pays d'origine en termes de « premières demandes d'asile déposées » ?**

❍ **a.** Afghanistan
❍ **b.** Bangladesh
❍ **c.** Syrie
❍ **d.** Ukraine

98 **Quel est, en 2022, le premier pays d'origine en termes de « premiers titres de séjour délivrés » ?**

❍ **a.** Algérie
❍ **b.** Côte d'Ivoire
❍ **c.** Mali
❍ **d.** Maroc

99 **En France, en 2022, quel est le nombre de personnes fumant du cannabis tous les jours ?**

❍ **a.** 400 000
❍ **b.** 600 000
❍ **c.** 900 000
❍ **d.** 1 200 000

100 En France, en 2022, quelle est la part des jeunes de 17 ans ayant déclaré une alcoolisation ponctuelle importante dans le mois passé ?

❍ **a.** 18 %
❍ **b.** 25 %
❍ **c.** 31 %
❍ **d.** 44 %

101 En août 2022, l'association L124, association de défense des animaux, a porté plainte auprès du procureur de Dunkerque contre une société ovine ; quel motif était mis en avant ?

❍ **a.** Défense de la biodiversité
❍ **b.** Abandon d'animaux
❍ **c.** Complicité d'abattage d'animaux
❍ **d.** Défense des droits des animaux de compagnie

102 En février 2022, le président Macron décide de retirer ses forces militaires du Mali. Pendant combien d'années ces forces sont-elles restées ?

❍ **a.** 4 ans
❍ **b.** 9 ans
❍ **c.** 14 ans
❍ **d.** 18 ans

103 Quel est, en France, en 2023, le taux de syndicalisation des salariés de la fonction publique ?

❍ **a.** 15 % ❍ **b.** 19 % ❍ **c.** 24 % ❍ **d.** 29 %

104 Quelle est, en France, en 2023, la principale nature des infractions à la circulation routière ?

❍ **a.** Conduite en état alcoolique
❍ **b.** Défaut d'assurance
❍ **c.** Conduite sans permis ou malgré une suspension
❍ **d.** Grand excès de vitesse

105 **Quel est, en France en 2022, le taux de récidive dans le cas des délits pour vols et recels ?**

❍ **a.** 5 %
❍ **b.** 12 %
❍ **c.** 21 %
❍ **d.** 30 %

106 **Depuis février 2022, un arrêté concerne la détention des armes. En quoi consiste-t-il ?**

❍ **a.** L'enregistrement des armes sur un système d'information spécifique
❍ **b.** L'interdiction de la vente des armes à feu pour des personnes de moins de 21 ans
❍ **c.** L'obligation de renouveler le permis de chasse tous les deux ans
❍ **d.** La limitation de la puissance de feu des armes détenues

107 **En 2023, quel poste important occupe François Bayrou ?**

❍ **a.** Ambassadeur itinérant
❍ **b.** Représentant de la France à l'ONU
❍ **c.** Haut-commissaire au Plan
❍ **d.** Secrétaire de l'Élysée en charge des relations avec l'Afrique

108 **Quel est le montant des ventes d'armes de la France en 2022 ?**

❍ **a.** 17 milliards d'euros
❍ **b.** 27 milliards d'euros
❍ **c.** 47 milliards d'euros
❍ **d.** 67 milliards d'euros

109 **Selon le Conseil de stabilité financière, combien de banques françaises sont considérées comme « systémiques » en 2023 ?**

❍ **a.** 3
❍ **b.** 4
❍ **c.** 5
❍ **d.** 6

110 Selon le Conseil de stabilité financière, combien de banques sont considérées comme « systémiques » dans le monde en 2023 ?

❍ **a.** 20
❍ **b.** 30
❍ **c.** 40
❍ **d.** 50

111 Quel est, en matière de chiffre d'affaires, le premier groupe privé d'EHPAD ?

❍ **a.** Colisée
❍ **b.** Domus Vi
❍ **c.** Orpea
❍ **d.** Korian

112 Au procès des attentats du 13 novembre 2015, à quelle peine a été condamné Salah Abdeslam ?

❍ **a.** La réclusion criminelle à perpétuité incompressible
❍ **b.** Trente ans de réclusion assortis d'une sûreté des deux tiers
❍ **c.** La réclusion criminelle à perpétuité assortie d'une sûreté des deux tiers
❍ **d.** Trente ans de réclusion incompressibles

113 Au procès des attentats du 13 novembre 2015, dont le verdict a été prononcé en juin 2022, combien de parties civiles ont été constituées ?

❍ **a.** 150
❍ **b.** 400
❍ **c.** 1 600
❍ **d.** 2 500

114 Qui est à la tête du MEDEF depuis juillet 2023 ?

❍ **a.** Dominique Carlac'h
❍ **b.** Pierre Gattaz
❍ **c.** Patrick Martin
❍ **d.** Geoffroy Roux de Bézieux

115 En 2023, quel est le taux d'occupation des établissements pénitentiaires français ?

❍ **a.** 103 % ❍ **b.** 110 % ❍ **c.** 120 % ❍ **d.** 135 %

116 Quels médias russes la France, ainsi que l'UE, a-t-elle décidé de débrancher en mars 2022 ?

❍ **a.** Telegram et Russia Today
❍ **b.** Pervy Kanal et Sputnik
❍ **c.** Russia Today et Sputnik
❍ **d.** CTC International et Telegram

117 Selon une étude de la DREES publiée en 2022, quelle est la part des bénéficiaires du RSA qui, sept ans plus tard, ont retrouvé un emploi ?

❍ **a.** 17 %
❍ **b.** 37 %
❍ **c.** 57 %
❍ **d.** 77 %

118 En 2023, quelle est la part des personnes handicapées de naissance en France ?

❍ **a.** 15 %
❍ **b.** 35 %
❍ **c.** 55 %
❍ **d.** 85 %

119 Quelle est la branche du régime général de la Sécurité sociale la plus déficitaire en 2023 ?

❍ **a.** La branche maladie
❍ **b.** La branche maternité
❍ **c.** La branche accidents du travail-maladies professionnelles
❍ **d.** La branche vieillesse

120 **Quelle est la principale source de financement de la Sécurité sociale ?**

❍ **a.** La CSG
❍ **b.** La TVA
❍ **c.** Les cotisations sociales
❍ **d.** L'impôt sur le revenu

121 **La loi de financement de la Sécurité sociale pour 2023 prévoyait :**

❍ **a.** 8 milliards de déficit ❍ **b.** 20 milliards de déficit
❍ **c.** 50 milliards de déficit ❍ **d.** 100 milliards de déficit

122 **Dans la composition de l'Assemblée nationale française en 2023, quel est le second groupe parlementaire de députés ?**

❍ **a.** La France insoumise – La NUPES
❍ **b.** Les Républicains
❍ **c.** Le Rassemblement national
❍ **d.** Renaissance

123 **Les patients qui se présentent aux urgences mais ne nécessitent pas une hospitalisation doivent débourser un « forfait urgences » pris en charge par leur complémentaire santé. À combien s'élève-t-il en 2023 ?**

❍ **a.** 8 € ❍ **b.** 10 € ❍ **c.** 15 € ❍ **d.** 20 €

124 **Quel est, début 2023, le taux de mortalité infantile pour 1 000 naissances vivantes en France ?**

❍ **a.** 3,0 ❍ **b.** 3,7
❍ **c.** 4,9 ❍ **d.** 6,7

125 **En France, la Police nationale est une police d'État. Qui est le « chef de la Police » ?**

❍ **a.** Le ministre de l'Intérieur
❍ **b.** Le ministre de la Défense
❍ **c.** Le président de la République
❍ **d.** Le ministre de la Justice

126 Une étude démographique publiée en 2023 montre que les naissances sont inégalement réparties durant l'année en France. Quel est le mois qui enregistre le nombre le plus élevé de naissances ?

❍ **a.** Mars ❍ **b.** Mai
❍ **c.** Juillet ❍ **d.** Septembre

127 Quel est en France le jour de l'année où est enregistré le pic de naissances (année 2022) ?

❍ **a.** 12 mai ❍ **b.** 25 juillet
❍ **c.** 23 septembre ❍ **d.** 22 décembre

128 La France élabore son système de Sécurité sociale en s'inspirant :

❍ **a.** Du système beveridgien
❍ **b.** Du système bismarckien
❍ **c.** Des deux systèmes précités
❍ **d.** D'aucun système car développant le sien propre

129 En Angleterre, lors de la Seconde Guerre mondiale, Beveridge propose la création d'un système de Sécurité sociale :

❍ **a.** Fondé sur la solidarité nationale et un financement par l'impôt
❍ **b.** Fondé sur les assurances sociales et un financement par les cotisations sociales
❍ **c.** Fondé sur des versements volontaires des individus
❍ **d.** Fondé sur des dons des particuliers et des entreprises

130 Sur quel principe repose le système allemand de Sécurité sociale initié par Bismarck ?

❍ **a.** Une couverture sociale minimale est instituée pour les populations les plus défavorisées
❍ **b.** L'ensemble de la population est couvert par un système étatisé
❍ **c.** La couverture sociale est laissée à l'initiative privée : compagnies d'assurances pour les catégories de populations solvables, associations humanitaires pour les autres
❍ **d.** L'activité professionnelle et le versement de cotisations sociales conditionnent l'ouverture du droit à la Sécurité sociale

131 Le tiers payant, actuellement en vigueur en France, permet à l'assuré :

❍ **a.** De ne payer qu'un tiers du coût du soin, laissé à sa charge par l'Assurance Maladie

❍ **b.** De payer ses frais médicaux à des tiers – professionnels de santé – grâce à la carte Vitale

❍ **c.** De ne pas faire l'avance des frais médicaux, le professionnel de santé se faisant rembourser directement par la caisse d'Assurance Maladie

❍ **d.** D'être exonéré de tout le coût des soins engagés

132 Qu'est-ce que le forfait hospitalier ?

❍ **a.** Le coût estimé de chaque acte médical pratiqué en milieu hospitalier, et remboursé par l'Assurance Maladie

❍ **b.** Le montant des dépenses hospitalières laissées à la charge du patient

❍ **c.** Le coût d'hébergement estimé pour une journée d'hospitalisation

❍ **d.** Le coût effectif des soins hospitaliers

133 Quelles catégories de la population consomment le plus de soins en 2023 ?

❍ **a.** Les adolescents ❍ **b.** Les jeunes enfants

❍ **c.** Les personnes âgées ❍ **d.** Les actifs

134 Dans un système de retraite par répartition :

❍ **a.** Les retraites sont financées grâce aux économies réalisées par les retraités pendant leur vie active

❍ **b.** Les retraites sont financées par l'impôt

❍ **c.** Les retraites sont financées par des versements volontaires

❍ **d.** Les retraites sont financées par les cotisations payées au même moment par les actifs

135 Qu'est-ce que le Samu social ?

❍ **a.** Un service de l'hôpital public qui se délocalise sur le terrain
❍ **b.** Une organisation de médecins assurant les urgences
❍ **c.** Une organisation de médecins assurant une permanence médicale pour les personnes sans ressources
❍ **d.** Une équipe mobile d'aide destinée aux sans-abris, gérée par une association

136 La part des prestations sociales dans le revenu disponible des ménages est, en 2023, de :

❍ **a.** 25 % ❍ **b.** 38 %
❍ **c.** 45 % ❍ **d.** 55 %

137 Depuis janvier 2022, l'État participe au financement de la complémentaire santé de ses agents. À quelle hauteur ?

❍ **a.** 15 € par mois
❍ **b.** 25 € par mois
❍ **c.** 35 € par mois
❍ **d.** 45 € par mois

138 Selon l'Insee, quel est le taux de pauvreté moyen en France début 2023 chez les jeunes de moins de 18 ans ?

❍ **a.** 5 % ❍ **b.** 6 % ❍ **c.** 9 % ❍ **d.** 12 %

139 Selon l'Insee, quel est le taux de pauvreté moyen en France début 2023 chez les personnes de plus de 75 ans ?

❍ **a.** 3 % ❍ **b.** 6 % ❍ **c.** 11 % ❍ **d.** 15 %

140 Quel est le nombre d'étudiants faisant leur rentrée pour l'année 2023-2024 ?

❍ **a.** 1,8 million ❍ **b.** 2,1 millions
❍ **c.** 2,8 millions ❍ **d.** 3,2 millions

141 **Selon une étude sur les conditions de vie des étudiants, quelle ressource compose majoritairement le budget étudiant en 2023 ?**

❍ **a.** Les revenus d'activités pendant l'année scolaire
❍ **b.** Les aides publiques
❍ **c.** Les aides de la famille
❍ **d.** Des ressources non identifiées officiellement

142 **Quel est le pourcentage d'étudiants qui déclarent être en activité rémunérée pendant l'année universitaire 2022-2023 ?**

❍ **a.** 25 % ❍ **b.** 32 % ❍ **c.** 46 % ❍ **d.** 53 %

143 **En 2023, combien de personnes travaillent dans la fonction publique :**

❍ **a.** 1 million de fonctionnaires
❍ **b.** 1,5 million de fonctionnaires
❍ **c.** 3 millions de fonctionnaires
❍ **d.** 5,6 millions de fonctionnaires

144 **Selon la Caisse nationale de l'Assurance Maladie (CNAM), combien de personnes en France ont des maladies chroniques ?**

❍ **a.** 5 millions ❍ **b.** 10 millions
❍ **c.** 15 millions ❍ **d.** 20 millions

145 **Quelle est, en France en 2023, la maladie chronique qui compte le plus de patients ?**

❍ **a.** Le diabète
❍ **b.** Les tumeurs malignes
❍ **c.** Les problèmes cardio-vasculaires
❍ **d.** Les affections psychiatriques de longue durée

146 **Quelle est, en France en 2023, la viande la plus consommée en kilos par habitant ?**

❍ **a.** La volaille ❍ **b.** Le porc
❍ **c.** Le mouton ❍ **d.** Le bovin

147 **Combien y a-t-il de personnes handicapées en France en 2023 ?**

❍ **a.** 500 000 ❍ **b.** 1,5 million
❍ **c.** 6 millions ❍ **d.** 12 millions

148 **En 2022-2023 se tient à Paris une exposition sur le peuple kanak. À cette occasion est évoqué le terme de caldoche. Qu'appelle-t-on un caldoche ?**

❍ **a.** Un membre de la population antillaise d'origine française et installé sur ces îles pour exercer l'activité de planteur
❍ **b.** Un membre de la population néo-calédonienne essentiellement d'origine européenne installé en Nouvelle-Calédonie depuis la colonisation
❍ **c.** Un membre de la population guyanaise d'origine française et installé en Guyane à l'occasion de décisions d'exils disciplinaires
❍ **d.** Un membre de la population réunionnaise d'origine française sédentarisé sur l'île de la Réunion depuis la Révolution française

149 **Quel est l'ordre de grandeur du nombre de dossiers de surendettement qui ont été déposés en 2022 en France ?**

❍ **a.** 65 000 ❍ **b.** 110 000
❍ **c.** 220 000 ❍ **d.** 415 000

150 **Combien de territoires composent en France les Outre-mer ?**

❍ **a.** 6 ❍ **b.** 9 ❍ **c.** 12 ❍ **d.** 15

151 **Combien y a-t-il de départements français dans les Outre-mer ?**

❍ **a.** 3 ❍ **b.** 5 ❍ **c.** 7 ❍ **d.** 9

152 **Combien y a-t-il eu de violences sexuelles enregistrées officiellement en 2022 en France ?**

❍ **a.** 18 000 ❍ **b.** 24 000 ❍ **c.** 35 000 ❍ **d.** 85 000

153 **Quelle est la principale nationalité des personnes mises en cause pour les crimes et délits à caractère sexuel enregistrés en 2022 en France (85 %) ?**

❍ **a.** Française ❍ **b.** Union européenne hors France
❍ **c.** Afrique ❍ **d.** Autre

154 **Selon une étude de l'INSEE de 2023, combien de postes de travail sont à pourvoir, en moyenne, chaque année en France entre 2020 et 2030 ?**

❍ **a.** 180 000
❍ **b.** 254 000
❍ **c.** 421 000
❍ **d.** 760 000

155 **Quel a été, en 2022, le nombre approximatif d'interruptions volontaires de grossesses (IVG) réalisées ?**

❍ **a.** 128 000 ❍ **b.** 220 000 ❍ **c.** 318 000 ❍ **d.** 452 000

156 **En 2022, quel est le taux de recours aux IVG par rapport à 1 000 femmes âgées de 15 à 49 ans en métropole ?**

❍ **a.** 15 ❍ **b.** 25 ❍ **c.** 35 ❍ **d.** 50

157 **Quel est le nom de l'institution qui remplacera l'ENA ?**

❍ **a.** École d'apprentissage du haut fonctionnariat (EAHF)
❍ **b.** Institut des affaires publiques (IAP)
❍ **c.** Institut national du service public (INSP)
❍ **d.** École du service public (ESP)

158 **Quelle est, en France en 2022, la part des mariages entre personnes du même genre dans l'ensemble des mariages ?**

❍ **a.** 3 % ❍ **b.** 6 % ❍ **c.** 9 % ❍ **d.** 14 %

159 **Depuis le début de la crise en Ukraine, le concept de taux de l'usure est mobilisé dans les débats économiques. Quelle est la signification de ce concept ?**

❍ **a.** Le taux de déclassement du capital technique en raison de son âge
❍ **b.** Le taux d'intérêt maximum légal que les établissements de crédit sont autorisés à pratiquer lorsqu'ils accordent un prêt
❍ **c.** L'indicateur privilégié d'évaluation de la pénibilité du travail
❍ **d.** La part du matériel militaire qui n'est pas opérationnel à un moment donné

160 **Très régulièrement, la question de la laïcité est posée en France. De quand date la loi de séparation des Églises et de l'État ?**

❍ **a.** 1870 ❍ **b.** 1901 ❍ **c.** 1905 ❍ **d.** 1936

161 **Selon les travaux de l'INSEE, quelle région métropolitaine française connaîtra, d'ici à 2070, le taux de progression le plus élevé de sa population ?**

❍ **a.** Bretagne
❍ **b.** Nouvelle-Aquitaine
❍ **c.** Provence-Alpes-Côte d'Azur
❍ **d.** Occitanie

162 **Dans certaines situations précises édictées par la loi, la discrimination est tolérée. Parmi ces quatre propositions, laquelle est illégale ?**

❍ **a.** Le fait de réserver certains contrats d'assurance (pour des critères de maladie ou de handicap…)
❍ **b.** Le fait de définir des standards physiques qu'un salarié doit satisfaire pour des postes particuliers (hôtesses d'accueil, chargés de communication…)
❍ **c.** Le fait de réserver les concours d'accès à la fonction publique aux personnes de nationalité française
❍ **d.** Le fait de choisir un acteur de cinéma en fonction de son physique

163 **Le principe de précaution a été consacré au niveau de l'Union européenne ainsi qu'au plan international par la Charte de l'environnement de 2005 annexée à la Constitution. Pour être appliqué, le principe de précaution nécessite la réunion de trois conditions juridiques simultanées. Parmi les quatre propositions suivantes, laquelle n'est pas nécessaire ?**

❍ **a.** L'irréversibilité du dommage
❍ **b.** La gravité du dommage encouru
❍ **c.** Le coût du dommage encouru
❍ **d.** L'incertitude scientifique qui pèse sur la réalisation du dommage

164 Selon une étude de 2023, quelle région a le taux d'obésité le plus élevé en France ?

❍ **a.** L'Île-de-France
❍ **b.** La région Provence-Alpes-Côte d'Azur
❍ **c.** Les Hauts-de-France
❍ **d.** La région Grand-Est

165 Selon une étude de 2023, quel est le nombre de décès attribuables à l'alcool en France en 2020, hors accidents de la route ?

❍ **a.** 23 000 ❍ **b.** 34 000
❍ **c.** 41 000 ❍ **d.** 52 000

166 En 2023, combien y a-t-il de bénéficiaires de l'aide sociale à l'enfance prend en charge :

❍ **a.** 99 000 enfants
❍ **b.** 200 000 enfants
❍ **c.** 300 000 enfants
❍ **d.** 570 000 enfants

167 Quel est le poids du secteur du tourisme en France en pourcentage de PIB en 2022 ?

❍ **a.** 4 % ❍ **b.** 7 % ❍ **c.** 9 % ❍ **d.** 13 %

168 Au cours de la période critique de la crise de la Covid-19, la question des EHPAD a été au cœur de toutes les attentions, mais dans le domaine sanitaire et social, quelle définition donne-t-on de la dépendance ?

❍ **a.** Toute altération d'une fonction anatomique ou psychologique, par rapport à une certaine norme biomédicale
❍ **b.** Réduction des possibilités d'accomplissement de certaines activités jugées normales
❍ **c.** Difficultés d'un individu atteint d'une déficience fonctionnelle ou d'une incapacité – ou les deux – à tenir son rôle social
❍ **d.** Impossibilité totale ou partielle d'accomplir seul certains actes de la vie quotidienne

169 Quelle est la proportion des mariages qui finissent en divorce en France en 2022 ?

❍ **a.** 30 % ❍ **b.** 35 % ❍ **c.** 40 % ❍ **d.** 45 %

170 L'espérance de vie sans incapacité correspond au nombre d'années que peut espérer vivre une personne sans être limitée dans ses activités quotidiennes. Quelle est-elle, en France en 2022, pour les femmes et pour les hommes ?

❍ **a.** 65,9 ans pour les femmes et de 64,4 ans pour les hommes
❍ **b.** 67,1 ans pour les femmes et de 65,8 ans pour les hommes
❍ **c.** 69,2 ans pour les femmes et de 67,4 ans pour les hommes
❍ **d.** 74,5 ans pour les femmes et de 72,4 ans pour les hommes

171 En France, en 2023, quel est le taux de fécondité ?

❍ **a.** 1,67 ❍ **b.** 1,83 ❍ **c.** 2,08 ❍ **d.** 2,25

172 En France, en 2023, quel est le taux de natalité ?

❍ **a.** 11 pour 1 000 ❍ **b.** 18 pour 1 000
❍ **c.** 22 pour 1 000 ❍ **d.** 26 pour 1 000

173 En janvier 2023, la France annonce renoncer aux néonicotinoïdes, un type particulier d'insecticides principalement utilisés pour un type de semences. Lequel ?

❍ **a.** Les semences de betterave
❍ **b.** Les semences de blé dur
❍ **c.** Les semences de colza
❍ **d.** Les semences de tournesol

174 Quel est, en France, en 2023, le poids des prélèvements obligatoires sur les entreprises en % du PIB ?

❍ **a.** 13,1 %
❍ **b.** 15,8 %
❍ **c.** 19,6 %
❍ **d.** 24,2 %

175 **Quel est le nombre de médecins généralistes en activité régulière en France en 2023 ?**

❍ **a.** 85 000 ❍ **b.** 105 000
❍ **c.** 136 000 ❍ **d.** 152 000

176 **Selon une étude de l'Urssaf de 2023, quel secteur d'activité enregistre le taux le plus élevé de travail illégal en France ?**

❍ **a.** Agriculture ❍ **b.** Bâtiment et travaux publics
❍ **c.** Hôtellerie-restauration ❍ **d.** Transport routier

177 **En 2022-2023, combien y a-t-il eu de signalements d'atteintes à la laïcité dans les écoles, les collèges et les lycées en France ?**

❍ **a.** 600 ❍ **b.** 1 000
❍ **c.** 3 200 ❍ **d.** 4 700

178 **Qui sont les principaux auteurs des atteintes au principe de laïcité en France ?**

❍ **a.** Les élèves
❍ **b.** Les parents d'élèves
❍ **c.** Les personnels des établissements
❍ **d.** Les personnes extérieures

179 **En 2023, la part de dépenses sociales dans le PIB en France est d'environ :**

❍ **a.** 31,5 % ❍ **b.** 41,5 % ❍ **c.** 51,5 % ❍ **d.** 71,5 %

180 **En juillet 2022 s'est tenu le sommet Choose. Qu'est-ce que l'opération Choose France ?**

❍ **a.** Une mesure visant à donner la priorité aux entreprises françaises lors des appels d'offres pour des grands chantiers publics
❍ **b.** Un dispositif d'aide à l'achat de véhicules automobiles français
❍ **c.** Une subvention aux entreprises étrangères lorsqu'elles confient leurs investissements dans les infrastructures publiques à des entreprises françaises
❍ **d.** Une initiative pour augmenter l'attractivité du territoire français et attirer les investisseurs étrangers

181 **Quelle est, en 2022, la surface moyenne du logement d'un ménage français ?**

❍ **a.** 53 m² ❍ **b.** 67 m² ❍ **c.** 81 m² ❍ **d.** 91 m²

182 **À l'occasion de la réforme des retraites mise en place en 2023 a été rappelé le concept de « super-actifs ». De qui s'agit-il ?**

❍ **a.** Des fonctionnaires actifs très exposés du fait de leurs missions
❍ **b.** Des actifs ayant commencé à travailler à 16 ans
❍ **c.** Des actifs qui cumulent plusieurs emplois
❍ **d.** Des actifs dont le temps de travail est très élevé

183 **Depuis quelques années est évoquée dans le discours politique le concept de culture « woke ». De quoi s'agit-il ?**

❍ **a.** Le fait de discriminer sciemment une population pour des motifs essentiellement ethniques
❍ **b.** Le fait de mettre en place des dispositifs de discrimination positive
❍ **c.** Le fait de privilégier le mérite dans les politiques éducatives
❍ **d.** Le fait d'être conscient des injustices et de l'oppression qui pèsent sur les minorités

184 **En décembre 2022, le Conseil d'État a pris une décision importante concernant le CBD ; laquelle ?**

❍ **a.** L'interdiction totale de vente
❍ **b.** L'autorisation totale de vente
❍ **c.** L'interdiction de vente hors des pharmacies
❍ **d.** L'autorisation totale de culture

185 **Quel est, en 2023, le coût d'une journée à l'hôpital dans un service de médecine ?**

❍ **a.** Environ 700 € ❍ **b.** Environ 1 000 €
❍ **c.** Environ 1 350 € ❍ **d.** Environ 2 200 €

186 **Selon la Cour des comptes, en 2022, à quel niveau se situe la fraude sociale détectée en France ?**

❍ **a.** 1,5 milliard d'euros ❍ **b.** 3,5 milliards d'euros
❍ **c.** 7,5 milliards d'euros ❍ **d.** 15 milliards d'euros

187 Quelle est la part des familles monoparentales en France en 2023 ?

❍ **a.** 8 % ❍ **b.** 12 % ❍ **c.** 25 % ❍ **d.** 37 %

188 D'après la DARES, en 2022, quel était le nombre de jours travaillés en moyenne en France ?

❍ **a.** 185 ❍ **b.** 210 ❍ **c.** 250 ❍ **d.** 290

189 En 2023, combien de personnes actives disposent d'une reconnaissance administrative de leur handicap ?

❍ **a.** 1 million
❍ **b.** 1,5 million
❍ **c.** 2,3 millions
❍ **d.** 2,7 millions

190 Quel est le secteur d'activité qui, en France, a le taux de fréquence des accidents de travail avec arrêt de travail le plus élevé ?

❍ **a.** Hébergement médico-social
❍ **b.** Construction
❍ **c.** Agriculture
❍ **d.** Travail du bois

191 Quelle est la grande cause nationale en France pour 2024 ?

❍ **a.** La promotion de l'activité physique et sportive
❍ **b.** La vaccination
❍ **c.** La solidarité
❍ **d.** Le partage

192 Quelle est la part, en France, des salariés payés au SMIC dans le secteur privé début 2023 ?

❍ **a.** 2 %
❍ **b.** 19 %
❍ **c.** 27 %
❍ **d.** 33 %

193 **Quelle est, en France, en 2022, la part des ventes d'ouvrages numériques sur les ventes totales des éditeurs, en pourcentage du chiffre d'affaires ?**

❍ **a.** 5 % ❍ **b.** 10 % ❍ **c.** 15 % ❍ **d.** 20 %

194 **En France en 2023, combien d'élèves suivent un enseignement bilingue immersif ?**

❍ **a.** 14 000
❍ **b.** 35 000
❍ **c.** 62 000
❍ **d.** 120 000

195 **Selon l'INSEE, combien y a-t-il de centenaires en France en 2023 ?**

❍ **a.** 10 000
❍ **b.** 20 000
❍ **c.** 30 000
❍ **d.** 50 000

196 **Quelle est la part des femmes parmi les centenaires en France en 2023 ?**

❍ **a.** 55 %
❍ **b.** 65 %
❍ **c.** 75 %
❍ **d.** 85 %

197 **L'objectif européen est de recycler 50 % des emballages en plastique d'ici à 2025. Quelle part de ses déchets la France recycle-t-elle en 2023 ?**

❍ **a.** 18 %
❍ **b.** 27 %
❍ **c.** 34 %
❍ **d.** 41 %

CORRIGÉS

1 **b**	2 **b**	3 **d**	4 **a**	5 **b**	6 **b**	7 **c**	8 **b**	9 **b**	10 **b**
11 **c**	12 **b**	13 **c**	14 **b**	15 **b**	16 **c**	17 **b**	18 **a**	19 **c**	20 **d**
21 **d**	22 **c**	23 **b**	24 **a**	25 **a**	26 **c**	27 **b**	28 **c**	29 **c**	30 **c**
31 **c**	32 **a**	33 **b**	34 **b**	35 **b**	36 **a**	37 **c**	38 **a**	39 **c**	40 **b**
41 **a**	42 **d**	43 **c**	44 **d**	45 **d**	46 **a**	47 **a**	48 **c**	49 **c**	50 **b**
51 **a**	52 **a**	53 **c**	54 **b**	55 **d**	56 **b**	57 **c**	58 **c**	59 **b**	60 **a**
61 **d**	62 **c**	63 **c**	64 **d**	65 **a**	66 **a**	67 **b**	68 **a**	69 **d**	70 **d**
71 **c**	72 **d**	73 **b**	74 **d**	75 **d**	76 **b**	77 **b**	78 **b**	79 **c**	80 **c**
81 **d**	82 **b**	83 **c**	84 **d**	85 **c**	86 **d**	87 **c**	88 **b**	89 **a**	90 **c**
91 **a**	92 **a**	93 **c**	94 **c**	95 **a**	96 **c**	97 **a**	98 **d**	99 **c**	100 **d**
101 **c**	102 **b**	103 **b**	104 **a**	105 **c**	106 **a**	107 **c**	108 **b**	109 **b**	110 **b**
111 **c**	112 **a**	113 **d**	114 **c**	115 **c**	116 **c**	117 **a**	118 **b**	119 **a**	120 **c**
121 **a**	122 **c**	123 **d**	124 **b**	125 **a**	126 **c**	127 **c**	128 **c**	129 **a**	130 **d**
131 **c**	132 **b**	133 **c**	134 **d**	135 **d**	136 **b**	137 **a**	138 **d**	139 **a**	140 **c**
141 **a**	142 **c**	143 **d**	144 **d**	145 **c**	146 **b**	147 **d**	148 **b**	149 **b**	150 **c**
151 **b**	152 **d**	153 **a**	154 **d**	155 **b**	156 **a**	157 **c**	158 **a**	159 **b**	160 **c**
161 **d**	162 **b**	163 **c**	164 **c**	165 **c**	166 **d**	167 **a**	168 **d**	169 **d**	170 **b**
171 **b**	172 **a**	173 **a**	174 **b**	175 **a**	176 **d**	177 **d**	178 **a**	179 **a**	180 **d**
181 **d**	182 **a**	183 **d**	184 **b**	185 **c**	186 **a**	187 **c**	188 **b**	189 **d**	190 **a**
191 **a**	192 **a**	193 **b**	194 **a**	195 **c**	196 **d**	197 **b**			

PARTIE 3

INTERNATIONAL

QCM

1 Quelle est, en 2022, la première entreprise française dans le domaine de la défense ?

❍ **a.** Airbus Defence & Space ❍ **b.** MBDA
❍ **c.** Safran ❍ **d.** Thales

2 Selon le rapport du ministère des armées remis à l'Assemblée nationale en septembre 2022, quel est le rang de la France parmi les exportateurs d'armements ?

❍ **a.** 2e ❍ **b.** 3e ❍ **c.** 4e ❍ **d.** 5e

3 Quel est le nom du (de la) président(e) de la République italienne, fin 2023 ?

❍ **a.** Sergio Mattarella ❍ **b.** Giorgia Meloni
❍ **c.** Mario Draghi ❍ **d.** Silvio Berlusconi

4 Quel est le nom du président du Conseil des ministres de l'Italie en 2023 ?

❍ **a.** Sergio Mattarella ❍ **b.** Giorgia Meloni
❍ **c.** Matteo Renzi ❍ **d.** Silvio Berlusconi

5 Quel est le nom du président de la République espagnole en 2023 ?

❍ **a.** Felipe VI ❍ **b.** Juan Carlos Ier
❍ **c.** Juan Carlos II ❍ **d.** Il n'y en a pas

6 Quel est le nom du président du Gouvernement d'Espagne en septembre 2023 ?

❍ **a.** Pedro Sánchez ❍ **b.** Mariano Rajoy
❍ **c.** Mariano Rajoy ❍ **d.** Matteo Renzi

7 Quel est le nom du Premier ministre de Belgique en 2023 ?

❍ **a.** Charles Michel ❍ **b.** Herman van Rompuy
❍ **c.** Alexander De Croo ❍ **d.** Yves Leterme

8 En septembre 2022, le chancelier allemand Olaf Scholz se dit favorable à une nouvelle « souveraineté européenne ». Combien de pays pourraient alors en être membres ?

❍ **a.** De 15 à 20 ❍ **b.** De 20 à 25
❍ **c.** De 25 à 30 ❍ **d.** De 30 à 36

9 Qu'appelle-t-on le « groupe Wagner » ?

❍ **a.** Un groupe d'opposants à Vladimir Poutine
❍ **b.** Le groupe formé par les pays désirant intégrer l'Union européenne
❍ **c.** Le groupe des pays germanophones au sein de l'Union européenne
❍ **d.** Un groupe paramilitaire russe

10 Lequel de ces pays n'est pas membre de l'Organisation de Coopération de Shanghai (OCS) ?

❍ **a.** Chine ❍ **b.** Corée du Nord
❍ **c.** Inde ❍ **d.** Russie

11 Les relations internationales modernes sont souvent comparées à des relations entre puissance dans l'Antiquité. Un politologue américain a comparé les relations entre les États-Unis et la Chine à une situation historique qui s'était déroulée dans le bassin méditerranéen. Quelle est cette situation ?

❍ **a.** Le cheval de Troie
❍ **b.** Le piège de Thucydide
❍ **c.** L'enlèvement des Sabines
❍ **d.** Le passage des Alpes par Hannibal

12 En 2023, plusieurs pays sont officiellement candidats pour entrer dans l'Union européenne. Lesquels ?

❍ **a.** La Bosnie-Herzégovine, le Kosovo, l'Albanie, la Macédoine du Nord, le Monténégro et la Serbie
❍ **b.** L'Albanie, la Macédoine du Nord, le Monténégro, la Serbie et la Turquie, la Moldavie et l'Ukraine
❍ **c.** La Serbie et la Turquie
❍ **d.** L'Albanie, la Macédoine du Nord, le Monténégro et la Serbie

13 Au moment du décès de la Reine Elizabeth II en septembre 2022, quelle est la région du monde la plus représentée, en termes d'États, du Commonwealth ?

❍ **a.** Le continent africain
❍ **b.** L'Asie du Sud-Est
❍ **c.** Les Caraïbes
❍ **d.** La zone Pacifique

14 En 2023, quel est le statut de la Serbie par rapport à l'Union européenne ?

❍ **a.** Elle est membre de plein droit
❍ **b.** Elle dispose du statut de candidat
❍ **c.** Elle n'a fait aucune démarche pour intégrer l'Union européenne
❍ **d.** Elle reconsidère son désir d'appartenance à l'Union européenne

15 En 2023, quel est le statut de l'Albanie par rapport à l'Union européenne ?

❍ **a.** Elle est membre de plein droit
❍ **b.** Elle dispose du statut de candidat
❍ **c.** Elle n'a fait aucune démarche pour intégrer l'Union européenne
❍ **d.** Elle reconsidère son désir d'appartenance à l'Union européenne

16 Quel est, en 2023, le statut international du Kosovo ?

❍ **a.** Il est membre de l'ONU et reconnu par l'Union européenne
❍ **b.** Il est membre de l'ONU mais pas reconnu par l'Union européenne
❍ **c.** Il n'est pas membre de l'ONU mais il est reconnu par l'Union européenne
❍ **d.** Il n'est pas membre de l'ONU et pas reconnu par l'Union européenne

17 Quel est, en 2023, le statut international de la République de Chine ?

❍ **a.** Elle est membre de l'ONU et reconnue par l'Union européenne
❍ **b.** Elle est membre de l'ONU mais pas reconnue par l'Union européenne
❍ **c.** Elle n'est pas membre de l'ONU mais elle est reconnue par l'Union européenne
❍ **d.** Elle n'est pas membre de l'ONU et pas reconnue par l'Union européenne

18 Quel pays a, en 2023, une représentation diplomatique officielle avec Taïwan ?

❍ **a.** Les États-Unis ❍ **b.** La France
❍ **c.** Le Vatican ❍ **d.** Le Royaume-Uni

19 La dénomination de l'État taïwanais dans les institutions internationales pose problème. Quelle est celle qui, en 2023, n'est jamais utilisée dans ces institutions ?

❍ **a.** Chinese Taipei
❍ **b.** Taipei, Chine
❍ **c.** République indépendante de Chine
❍ **d.** Territoire douanier distinct de Taiwan, Penghu, Kinmen, Matsu

20 En 2023, quel est le statut international de la Palestine ?

❍ **a.** Elle est membre de l'ONU et reconnue par l'Union européenne
❍ **b.** Elle est membre de l'ONU mais pas reconnue par l'Union européenne
❍ **c.** Elle n'est pas membre de l'ONU mais elle est reconnue par l'Union européenne
❍ **d.** Elle n'est pas membre de l'ONU et pas reconnue par l'Union européenne

21 En 2023, quelles sont les relations diplomatiques entre l'État d'Israël et la Palestine ?

❍ **a.** L'État d'Israël reconnaît l'Autorité palestinienne et l'État de Palestine
❍ **b.** L'État d'Israël reconnaît l'Autorité palestinienne mais pas l'État de Palestine
❍ **c.** L'État d'Israël ne reconnaît pas l'Autorité palestinienne mais reconnaît l'État de Palestine
❍ **d.** L'État d'Israël ne reconnaît ni l'Autorité palestinienne ni l'État de Palestine

22 Quel est le pays comptant le plus grand nombre de victimes d'actes terroristes en 2022 ?

❍ **a.** Le Nigéria ❍ **b.** Le Burkina Faso
❍ **c.** L'Afghanistan ❍ **d.** Le Mali

23 **En octobre 2022, la France se retire d'un important traité relatif à l'énergie. Comment se nomme ce traité ?**

❍ **a.** Le Traité sur la Charte de l'Énergie
❍ **b.** Le Traité relatif au Protocole de Kyoto
❍ **c.** Le Traité sur la Protection des énergies fossiles
❍ **d.** Le Traité de la COP 21 de Paris

24 **Qui est, en 2023, le président de la Chambre des représentants des États-Unis ?**

❍ **a.** Kevin McCarthy ❍ **b.** Nancy Pelosi
❍ **c.** Mike Pence ❍ **d.** Dick Cheney

25 **Au moment du décès de la Reine Elizabeth II en septembre 2022, de combien d'États se compose le Commonwealth ?**

❍ **a.** 27 ❍ **b.** 35 ❍ **c.** 44 ❍ **d.** 56

26 **En octobre 2023, combien de têtes nucléaires la Chine possède-t-elle ?**

❍ **a.** 410 ❍ **b.** 1 750 ❍ **c.** 2 800 ❍ **d.** 5 550

27 **En septembre 2022, un conflit entre deux nations appartenant anciennement à l'ex-URSS se militarise et fait de nombreux morts et déplacés. Quelles sont ces deux nations ?**

❍ **a.** La Géorgie et l'Arménie ❍ **b.** L'Arménie et le Tadjikistan
❍ **c.** Le Tadjikistan et le Kirghizistan ❍ **d.** Le Kirghizistan et l'Ouzbékistan

28 **En 2023, quel est le rang de la France dans le monde en matière de zones économiques exclusives (ZEE) ?**

❍ **a.** 1er ❍ **b.** 2e ❍ **c.** 5e ❍ **d.** 7^{e}

29 **Qui est, en 2023, le Premier ministre de Hongrie ?**

❍ **a.** Alexandre Loukachenko ❍ **b.** Klaus Iohannis
❍ **c.** Viktor Orbán ❍ **d.** Mateusz Morawiecki

30 **Quel est le nom de la jeune Iranienne arrêtée en septembre 2022 par la police des mœurs pour « tenue indécente » et décédée après trois jours de coma ?**

❍ **a.** Taslima Nasreen ❍ **b.** Elnaz Rekabi
❍ **c.** Sali Hafez ❍ **d.** Mahsa Amini

31 À la COP 27, qui s'est tenue en novembre 2022 à Charm el-Cheikh en Égypte, a été adoptée une résolution majeure ; laquelle ?

❍ **a.** Le principe de sanctions à l'égard des pays qui ne respecteraient pas leurs engagements en 2030
❍ **b.** L'exclusion des pays qui ne signent pas le document final des COP
❍ **c.** Un transfert financier des cinq plus importants pays émetteurs de CO_2 aux 20 % des pays les plus vulnérables face au réchauffement climatique
❍ **d.** La création d'un fonds financier spécifique pour compenser les dégâts déjà subis par les pays les plus pauvres

32 Selon une étude des Nations unies de 2023, quelle la première destination de l'émigration chinoise ?

❍ **a.** L'Australie
❍ **b.** Le Canada
❍ **c.** Le Japon
❍ **d.** Les États-Unis

33 En Chine en 2022, le nombre de caméras de vidéosurveillance installées par les pouvoirs publics est estimé à :

❍ **a.** 50 millions
❍ **b.** 100 millions
❍ **c.** 200 millions
❍ **d.** 400 millions

34 En octobre 2023, combien de têtes nucléaires les États-Unis possèdent-ils ?

❍ **a.** 2 550
❍ **b.** 3 750
❍ **c.** 5 400
❍ **d.** 7 550

35 Les « remises migratoires » désignent les envois de fonds des migrants vers les pays d'origine. Quel est le niveau approximatif de ces remises migratoires opérées vers les pays à revenu faible et intermédiaire en 2022 ?

❍ **a.** 50 milliards de dollars
❍ **b.** 250 milliards de dollars
❍ **c.** 650 milliards de dollars
❍ **d.** 1 650 milliards de dollars

36 Quelle est la première zone du monde en termes de réception des remises migratoires en 2022 ?

❍ **a.** L'Asie du Sud et du Sud-Est
❍ **b.** L'Afrique
❍ **c.** L'Amérique latine
❍ **d.** L'Europe centrale

37 **Quel est le principal pays d'origine des réfugiés et déplacés dans le monde en 2023 ?**

❍ **a.** Le Venezuela
❍ **b.** La Syrie
❍ **c.** L'Afghanistan
❍ **d.** Le Soudan du Sud

38 **Quel est le nom de l'empereur du Japon en 2023 ?**

❍ **a.** Naruhito
❍ **b.** Akihito
❍ **c.** Keiko
❍ **d.** Asarigawa

39 **Quel est le nom du chef d'État syrien en 2023 ?**

❍ **a.** Hafez el-Assad,
❍ **b.** Abdallah II
❍ **c.** Bachar el-Assad
❍ **d.** Hussein

40 **Le 28 octobre 2022, l'Italie célébrait le centenaire d'un moment important de son histoire. Lequel ?**

❍ **a.** La proclamation de la République italienne
❍ **b.** L'instauration de la dictature fasciste avec Mussolini
❍ **c.** La rencontre entre Mussolini et Hitler à Munich
❍ **d.** La marche sur Rome

41 **En 2022, quel membre permanent du Conseil de sécurité de l'ONU a le plus usé de son droit de veto à des propositions du Conseil ?**

❍ **a.** La Chine
❍ **b.** Les États-Unis
❍ **c.** La France
❍ **d.** La Russie

42 **Quel pays préside le Conseil de l'Union européenne au cours du premier semestre 2024 ?**

❍ **a.** La Belgique
❍ **b.** L'Allemagne
❍ **c.** Le Portugal
❍ **d.** La Slovénie

43 **Quel grand pays, en 2023, ne vit pas à crédit sur un plan des ressources naturelles, c'est-à-dire consomme moins de ressources que sa terre peut en régénérer ?**

❍ **a.** L'Inde
❍ **b.** La Chine
❍ **c.** Le Mexique
❍ **d.** L'Afrique du sud

44 En 2022 ont été commémorés les 70 ans de la tenue de la première session d'une institution européenne. Laquelle ?

❍ **a.** La CECA
❍ **b.** Le Parlement européen
❍ **c.** La CEE
❍ **d.** L'Euratom

45 En octobre 2022, les dirigeants de 44 pays européens se sont réunis à Prague pour participer au premier sommet d'un nouveau cadre de coopération. Quel est le nom de cette instance ?

❍ **a.** La Commission européenne pour le dialogue et la coopération
❍ **b.** L'Espace de coopération politique en Europe
❍ **c.** La Communauté politique européenne
❍ **d.** La Communauté pour la paix et la sécurité

46 Quel est le taux de fécondité en Chine en 2022 ?

❍ **a.** 1,15 enfant par femme
❍ **b.** 1,45 enfant par femme
❍ **c.** 1,95 enfant par femme
❍ **d.** 2,15 enfants par femme

47 La COP 28 s'est déroulée en 2023 :

❍ **a.** À Lima
❍ **b.** À Abu Dhabi
❍ **c.** À Sapporo
❍ **d.** À Dubaï

48 Quel est le nom de l'actuel président de la République algérienne ?

❍ **a.** Abdelkader Bensalah
❍ **b.** Abdelmadjid Tebboune
❍ **c.** Abdelaziz Bouteflika
❍ **d.** Liamine Zéroual

49 Sous quelle forme le Japon exécute-t-il les peine de mort sur son territoire ?

❍ **a.** Par pendaison
❍ **b.** Par la chaise électrique
❍ **c.** Par l'injection d'un produit létal
❍ **d.** Par décapitation

50 Selon le magazine Forbes, quelle est la famille la plus riche du monde en 2022 ?

❍ **a.** La famille américaine Walton qui a créé la chaîne de magasins américaine Walmart
❍ **b.** La famille américaine Mars à la tête d'un empire du chocolat
❍ **c.** La famille saoudienne Al Saoud
❍ **d.** La famille Al Nahyane au pouvoir aux Émirats arabes unis

PARTIE 3

51 **En janvier 2022 a été créée une nouvelle instance de l'Union européenne, l'AUEA. Quelle est sa mission ?**

❍ **a.** Les migrations et l'asile
❍ **b.** Le contrôle des prix de l'énergie
❍ **c.** La protection de l'environnement
❍ **d.** Le domaine spatial

52 **Comment l'OTAN identifie-t-il la Chine ?**

❍ **a.** Comme une menace régionale
❍ **b.** Comme un État terroriste
❍ **c.** Comme un régime corrompu
❍ **d.** Comme un risque (ou défi) systémique

53 **Selon le rapport du ministère des armées remis à l'Assemblée nationale en septembre 2022, quelle est la première région de commande d'armements français en 2021 ?**

❍ **a.** L'Union européenne
❍ **b.** L'Asie du Sud
❍ **c.** Les pays du Proche et du Moyen-Orient
❍ **d.** L'Asie du Sud-est

54 **L'Inde connaît un regain de tensions internes entre hindous et musulmans. Quelle en est l'origine ?**

❍ **a.** Un différend territorial ancien avec le Pakistan
❍ **b.** L'adoption d'une loi qui refuse la citoyenneté indienne aux réfugiés musulmans
❍ **c.** La fermeture de plusieurs mosquées dans le nord du pays
❍ **d.** Le refus du président de nommer des ministres musulmans

55 **Qui a été élu, pour *Time Magazine*, personnage(s) de l'année 2022 ?**

❍ **a.** Donald Trump
❍ **b.** Xi Jinping
❍ **c.** Volodymyr Zelensky
❍ **d.** Le pape François

56 **Le prix Sakharov a été décerné en 2023 :**

❍ **a.** Au chef indien Raoni, défenseur des peuples indigènes
❍ **b.** Aux jeunes filles kenyanes qui ont créé une application pour combattre l'excision en Afrique
❍ **c.** À trois personnalités brésiliennes engagées pour la défense des minorités et de l'environnement
❍ **d.** Aux femmes iraniennes et leur combat pour la liberté

57 En 2023, quel est le nom du (ou de la) président(e) de la Commission européenne ?

❍ **a.** Le Français Thierry Breton
❍ **b.** L'Allemande Ursula von der Leyen
❍ **c.** L'Italien Matteo Salvini
❍ **d.** L'Espagnol Mariano Rajoy

58 Qui est le commissaire français à la Commission européenne en 2023 ?

❍ **a.** Thierry Breton ❍ **b.** Michel Barnier
❍ **c.** Pascal Lamy ❍ **d.** Pierre Moscovici

59 Dans quelle ville se tiendra la COP 29 en 2024 ?

❍ **a.** Hambourg ❍ **b.** Madrid
❍ **c.** Barcelone ❍ **d.** République tchèque

60 Quel est le portefeuille du commissaire français à la Commission européenne ?

❍ **a.** Le commerce ❍ **b.** L'économie
❍ **c.** La cohésion et les réformes ❍ **d.** Le marché intérieur

61 Dans la crise sanitaire de la Covid-19, la Chine mène une politique singulière. Laquelle ?

❍ **a.** La politique du zéro-Covid
❍ **b.** La politique d'isolement des seuls cas révélés
❍ **c.** La politique de fermeture des seuls lieux accueillant du public nombreux
❍ **d.** La politique de vaccination obligatoire de toutes les personnes de plus de 6 ans

62 En 2023, combien le Parlement européen comporte-t-il d'eurodéputés ?

❍ **a.** 371 ❍ **b.** 467 ❍ **c.** 525 ❍ **d.** 705

63 Durant l'été 2023, un important groupe immobilier a menacé de faire craquer le système financier chinois ; quel est son nom ?

❍ **a.** Green Forest ❍ **b.** Bluesky
❍ **c.** Evergrande ❍ **d.** Country Garden

64 **Qui est président de l'organisation Interpol en 2023 ?**

❍ **a.** Kim Jong-yang ❍ **b.** Meng Hongwei
❍ **c.** Mireille Ballestrazzi ❍ **d.** Ahmed Naser Al-Raisi

65 **En 2023, qui est le président du Venezuela ?**

❍ **a.** Nicolás Maduro ❍ **b.** Hugo Chávez
❍ **c.** Evo Morales ❍ **d.** Jair Bolsonaro

66 **En 2023, de quel État Alberto Fernández est-il le président ?**

❍ **a.** L'Uruguay ❍ **b.** L'Argentine ❍ **c.** Le Pérou ❍ **d.** La Bolivie

67 **Qui est, en 2023, président de la République d'Afrique du Sud ?**

❍ **a.** Cyril Ramaphosa ❍ **b.** Jacob Zuma
❍ **c.** Kgalema Motlanthe ❍ **d.** Zanele Mbeki

68 **En 2023, qui est le Premier ministre russe ?**

❍ **a.** Dmitri Medvedev ❍ **b.** Vladimir Poutine
❍ **c.** Viktor Zoubkov ❍ **d.** Mikhaïl Michoustine

69 **Quel est le nom du Premier ministre britannique désigné par le parti conservateur en octobre 2022 ?**

❍ **a.** Boris Johnson ❍ **b.** Penny Mordaunt
❍ **c.** Rishi Sunak ❍ **d.** David Cameron

70 **En octobre 2022, la Commission européenne a recommandé aux 27 États membres de l'Union européenne d'accorder à un pays le statut de pays candidat à l'adhésion à l'Union. Lequel ?**

❍ **a.** L'Albanie ❍ **b.** La Bosnie-Herzégovine
❍ **c.** Le Kosovo ❍ **d.** La Macédoine du Nord

71 **Quel est le nom du mouvement visant à défendre la cause des Noirs suite à la mort de Georges Floyd ?**

❍ **a.** Black Lives Murderer ❍ **b.** Black Lives Matter
❍ **c.** Black Love Matter ❍ **d.** Black Loves Mam

72 Régulièrement, deux armées s'affrontent dans l'Himalaya, faisant plusieurs morts des deux côtés. Lesquelles ?

❍ **a.** L'Inde et la Chine ❍ **b.** L'Inde et le Pakistan
❍ **c.** Le Pakistan et la Chine ❍ **d.** La Chine et le Népal

73 Le Parlement européen, le Conseil de l'Union européenne et la Commission européenne ont décidé de faire de 2023 l'Année européenne d'une cause particulière. Laquelle ?

❍ **a.** La santé mentale ❍ **b.** Les compétences
❍ **c.** L'autisme ❍ **d.** Les inégalités d'accès à la santé

74 En 2023, quels sont, dans l'ordre, les trois principaux contributeurs à l'OMS ?

❍ **a.** La Fondation Bill & Melinda Gates, les États-Unis et la Commission européenne
❍ **b.** Les États-Unis, la Fondation Bill & Melinda Gates et le Royaume-Uni
❍ **c.** Les États-Unis, la France et le Royaume-Uni
❍ **d.** La Chine, les États-Unis et la Commission européenne

75 Quel est le principal groupe représenté au Parlement européen ?

❍ **a.** L'Alliance progressiste des socialistes et démocrates
❍ **b.** Le Groupe des Verts/Alliance libre européenne
❍ **c.** Le Groupe du Parti populaire européen
❍ **d.** Renew Europe

76 En 2023, qui est le président du Parlement européen ?

❍ **a.** Juan Fernando López Aguilar
❍ **b.** David McAllister
❍ **c.** Roberta Metsola
❍ **d.** Marie Arena

77 En 2023, combien la France détient-elle de sièges de députés au Parlement européen ?

❍ **a.** 33 ❍ **b.** 52 ❍ **c.** 59 ❍ **d.** 79

78 **Quel est, en 2023, le premier bailleur de fonds du continent africain ?**

❍ **a.** Le Moyen-Orient
❍ **b.** Les États-Unis
❍ **c.** La Chine
❍ **d.** L'Union européenne

79 **Quel est le nom du président de la République de Chine (Taïwan) en 2023 ?**

❍ **a.** Tsai Ing-wen
❍ **b.** Ma Ying-jeou
❍ **c.** Jet Li
❍ **d.** Zhang Yimou

80 **Quel est le nom du chef de l'exécutif de Hong Kong en 2023 ?**

❍ **a.** Xi Jinping
❍ **b.** Gong Li
❍ **c.** John Lee Ka-chiu
❍ **d.** Carrie Lam

81 **À qui a été attribué le prix Nobel de la paix en 2023 ?**

❍ **a.** À Narges Mohammadi, journaliste et militante pour les droits des femmes et les droits humains, actuellement emprisonnée en Iran
❍ **b.** Au peuple ukrainien
❍ **c.** Au Biélorusse Alès Bialiatski, à l'association russe Memorial et à l'association ukrainienne Centre pour les libertés civiles
❍ **d.** Au dissident russe Alexeï Anatolievitch Navalny

82 **Qui est, en 2023, le Premier ministre de la République populaire de Chine ?**

❍ **a.** Wen Jiabao
❍ **b.** Li Peng
❍ **c.** Li Qiang
❍ **d.** Zhu Rongji

83 **En 2022, le programme Erasmus célébrait ses 35 ans d'existence. Quelle est la signification d'Erasmus ?**

❍ **a.** Erasmus n'est pas un acronyme et fait référence au théologien néerlandais Érasme
❍ **b.** Erasmus est l'acronyme de *EuRopean Action Scheme for the Mobility of University Students*
❍ **c.** Erasmus est l'acronyme français de Europe de la Recherche Académique et Scientifique pour les Masters Universitaires
❍ **d.** Erasmus n'est pas un acronyme et fait référence aux racines latines de l'Europe dans le domaine de l'éducation

84 **Qui est, en 2023, secrétaire général de la Francophonie ?**

❍ **a.** Louise Mushikiwabo ❍ **b.** Abdou Diouf
❍ **c.** Rosemary Museminali ❍ **d.** Michaëlle Jean

85 **Qui est, en 2023, secrétaire général de l'OTAN ?**

❍ **a.** Général André Lanata ❍ **b.** Éric Chaperon
❍ **c.** Jens Stoltenberg ❍ **d.** Stuart Peach

86 **Qui est, en 2023, le directeur général de l'Unesco ?**

❍ **a.** Audrey Azoulay ❍ **b.** Irina Bokova
❍ **c.** Mario Draghi ❍ **d.** Alexandre Loukachenko

87 **Quel pays n'a, en 2022, ni signé ni ratifié le statut de Rome de la Cour pénale internationale ?**

❍ **a.** La Russie ❍ **b.** La Chine
❍ **c.** Les États-Unis ❍ **d.** Le Brésil

88 **Début 2022, combien de personnes ont-elles été condamnées à la Cour pénale internationale depuis 2002 ?**

❍ **a.** 4 ❍ **b.** 10 ❍ **c.** 16 ❍ **d.** 37

89 **Quel est le statut du chef du gouvernement local de Gibraltar ?**

❍ **a.** Chef de l'État ❍ **b.** Premier ministre
❍ **c.** Ministre en chef ❍ **d.** Souverain

90 **Depuis le Brexit, quelle est la situation de Gibraltar vis-à-vis de l'Union européenne ?**

❍ **a.** Gibraltar reste membre de l'Union européenne
❍ **b.** Gibraltar a quitté l'Union européenne comme le Royaume-Uni
❍ **c.** Gibraltar bénéficie d'un statut spécial au sein de l'Union européenne
❍ **d.** Gibraltar devient désormais une province espagnole

91 **Le 1er janvier 2022 est créé en Asie le Partenariat régional économique global (PCER). Combien de pays composent cette zone de libre-échange ?**

❍ **a.** 5 ❍ **b.** 10 ❍ **c.** 15 ❍ **d.** 20

PARTIE 3

92 **Quelle part du PIB mondial représente le PCER ?**

❍ **a.** 20 % ❍ **b.** 30 % ❍ **c.** 40 % ❍ **d.** 50 %

93 **Lequel de ces pays n'appartient pas au PCER ?**

❍ **a.** L'Inde ❍ **b.** La Chine ❍ **c.** L'Australie ❍ **d.** Le Japon

94 **Régulièrement, l'association Transparency International publie un classement du niveau de corruption dans la plupart des pays du monde (180 pays). Quel est, en 2022, le pays le moins corrompu ?**

❍ **a.** La Norvège ❍ **b.** La Nouvelle-Zélande
❍ **c.** Le Danemark ❍ **d.** Le Japon

95 **Dans le classement 2022 de l'association Transparency International, quel est le rang de la France (sur 180 pays) ?**

❍ **a.** 12 ❍ **b.** 21 ❍ **c.** 35 ❍ **d.** 57

96 **Dans le classement 2022 de l'association Transparency International, quel est le pays le plus corrompu au monde ?**

❍ **a.** L'Afghanistan ❍ **b.** La Syrie
❍ **c.** Le Soudan du Sud ❍ **d.** Le Venezuela

97 **Quel pays a annoncé, en mars 2023, couper ses relations diplomatiques avec Taïwan au profit de Pékin ?**

❍ **a.** Le Guatemala ❍ **b.** Le Honduras
❍ **c.** Le Nicaragua ❍ **d.** Le Salvador

98 **L'UNESCO a désigné la décennie 2022-2032 décennie d'une cause particulière. Laquelle ?**

❍ **a.** La Décennie des langues autochtones
❍ **b.** La Décennie des espèces végétales menacées
❍ **c.** La Décennie des espèces marines menacées
❍ **d.** La Décennie des peuples insulaires

99 **Qui est, en 2023, le maire de New York ?**

❍ **a.** Michael Bloomberg ❍ **b.** Bill de Blasio
❍ **c.** Eric Adams ❍ **d.** Rudy Giuliani

100 En août 2023, le groupe des BRICS s'est élargi à 6 nouveaux pays. Lequel n'en fait pas partie ?

❍ **a.** L'Arabie saoudite ❍ **b.** L'Argentine
❍ **c.** L'Irak ❍ **d.** L'Iran

101 En 2022, le Liban est en proie à l'une des pires crises socio-économiques jamais connues par le pays en temps de paix. Cette situation fait suite à une importante explosion qui s'est produite à Beyrouth en août 2020. Quelle en était l'origine ?

❍ **a.** Un attentat terroriste
❍ **b.** L'incendie dans un entrepôt contenant des granulés de nitrate d'ammonium
❍ **c.** L'incendie dans un entrepôt d'explosifs et de feux pyrotechniques
❍ **d.** Un violent tremblement de terre mettant le feu à des stocks de produits dangereux

PARTIE 3

102 Qui est, en 2023, le chef de l'État libanais ?

❍ **a.** Nabih Berry ❍ **b.** Saad Hariri
❍ **c.** Michel Sleiman ❍ **d.** Michel Aoun

103 Le Liban est une démocratie parlementaire ayant un fonctionnement confessionnel. Quelle est la particularité de son président ?

❍ **a.** Usuellement un chrétien maronite
❍ **b.** Sans religion déclarée
❍ **c.** Toujours musulman sunnite
❍ **d.** Toujours musulman chiite

104 Le Liban est une démocratie parlementaire ayant un fonctionnement confessionnel. Quelle est la particularité de son Premier ministre ?

❍ **a.** Usuellement un chrétien maronite
❍ **b.** Sans religion déclarée
❍ **c.** Toujours musulman sunnite
❍ **d.** Toujours musulman chiite

105 **Y a-t-il une langue officielle au Liban ?**

❍ **a.** Aucune ❍ **b.** L'arabe
❍ **c.** Le français ❍ **d.** L'arabe et le français

106 **En 2023, dans quel pays vivent essentiellement les Kurdes ?**

❍ **a.** La Syrie ❍ **b.** L'Irak ❍ **c.** L'Iran ❍ **d.** La Turquie

107 **En 2023, dans quel pays les chrétiens d'Orient sont-ils quantitativement les plus importants ?**

❍ **a.** Le Liban ❍ **b.** La Syrie ❍ **c.** La Turquie ❍ **d.** L'Égypte

108 **En 2023, quelle est la capitale proclamée de l'État palestinien ?**

❍ **a.** Ramallah ❍ **b.** Gaza
❍ **c.** Jérusalem-Est ❍ **d.** Jérusalem-Ouest

109 **À l'été 2023, qui est le président de l'État palestinien ?**

❍ **a.** Rami Hamdallah
❍ **b.** Yasser Arafat
❍ **c.** Abdel Aziz Doweik
❍ **d.** Mahmoud Abbas

110 **En France, l'État palestinien dispose :**

❍ **a.** D'une ambassade
❍ **b.** D'une délégation générale palestinienne
❍ **c.** D'une délégation générale de Palestine
❍ **d.** D'une Mission de Palestine

111 **Quel est, en 2023, le statut de la bande de Gaza ?**

❍ **a.** Elle appartient à Israël, mais est occupée par les Palestiniens
❍ **b.** Elle est le territoire de l'Autorité palestinienne
❍ **c.** Elle appartient à l'Égypte
❍ **d.** Elle est neutre, mais administrée par les Palestiniens

112 **En juillet 2023, un coup d'État militaire a eu lieu dans un pays de la zone sahélienne où des troupes françaises sont présentes. Quel est ce pays ?**

❍ **a.** Le Bénin
❍ **b.** Le Burkina Faso
❍ **c.** Le Niger
❍ **d.** Le Nigeria

113 **En 2023, au Sahel, quel groupe terroriste principal l'armée française combat-elle ?**

❍ **a.** Boko Haram
❍ **b.** Al-Qaïda au Maghreb islamique
❍ **c.** Brigades des martyrs d'Al-Aqsa
❍ **d.** Front Al-Nosra

114 **En 2023, le groupe terroriste Boko Haram est principalement implanté :**

❍ **a.** Au Cameroun ❍ **b.** Au Nigeria
❍ **c.** En Libye ❍ **d.** En Syrie

115 **Quel pays est, en 2023, le premier partenaire commercial de Taïwan ?**

❍ **a.** La Chine ❍ **b.** Les États-Unis
❍ **c.** Le Japon ❍ **d.** L'Australie

116 **En juin 2023, l'ancien Président américain Donald Trump a été inculpé par la justice fédérale. Pour quel fait ?**

❍ **a.** La fraude fiscale du groupe Trump pour ses activités réalisées avant sa présidence (2017-2021)
❍ **b.** L'achat du silence d'une actrice de films X
❍ **c.** L'ingérence de la Russie dans son élection de 2017
❍ **d.** La conservation de cartons entiers de documents officiels, y compris certains classés « secret-défense »

117 **Qui est, en 2023, le vice-président de la NRA depuis plus de 30 ans, et considéré comme l'un de ses leaders historiques les plus influents ?**

❍ **a.** Oliver North ❍ **b.** George Wood Wingate
❍ **c.** Wayne LaPierre ❍ **d.** William Conant Church

118 **Selon la Banque mondiale, quel est le premier créancier des pays pauvres surendettés en 2023 ?**

❍ **a.** La Chine ❍ **b.** Le Club de Paris
❍ **c.** Les États-Unis ❍ **d.** L'Inde

119 **Le 1er juin 2023, la Banque centrale européenne a fêté un anniversaire ; lequel ?**

❍ **a.** Les 50 ans de sa création à 6 pays membres
❍ **b.** Les 50 ans de son indépendance vis-à-vis des pouvoirs des États membres
❍ **c.** Les 25 ans de sa création en remplacement de l'Institut monétaire européen
❍ **d.** Les 25 ans de sa création en remplacement du Système monétaire européen

120 **En juin 2023, l'administration de Joe Biden annonce que les États-Unis réintégreraient l'UNESCO qu'ils avaient quittée en 2018. Pour quelle raison les États-Unis s'étaient-ils retirés de l'institution ?**

❍ **a.** Le coût excessif de l'organisation
❍ **b.** La présence de la Chine à des postes de responsabilité au sein de l'organisation
❍ **c.** L'acceptation de la Palestine comme membre de l'UNESCO
❍ **d.** Le désaccord vis-à-vis de l'orientation trop tiers-mondiste de l'institution

121 **En 2022, le Danemark loue une prison hors de son territoire pour accueillir ses prisonniers étrangers. Dans quel pays se trouve cette prison ?**

❍ **a.** Kosovo ❍ **b.** Croatie ❍ **c.** Monténégro ❍ **d.** Serbie

122 En 2023, qui est le président de la République islamique d'Iran ?

❍ **a.** Ali Khamenei
❍ **b.** Mahmoud Ahmadinejad
❍ **c.** Ebrahim Raïssi
❍ **d.** Neda Agha-Soltan

123 Le Parlement européen, le Conseil de l'Union européenne et la Commission européenne ont décidé de faire de 2024 l'Année européenne d'une cause particulière. Laquelle ?

❍ **a.** Le vélo
❍ **b.** La montagne
❍ **c.** Le paludisme
❍ **d.** Les transports en commun

124 Actuellement, le territoire du Kurdistan s'étend sur plusieurs pays. Sur lequel se trouve la moitié de son territoire ?

❍ **a.** L'Irak ❍ **b.** La Turquie ❍ **c.** L'Iran ❍ **d.** La Syrie

125 Officiellement, combien d'États souverains détiennent l'arme nucléaire en 2023 ?

❍ **a.** 5 ❍ **b.** 9 ❍ **c.** 12 ❍ **d.** 15

126 Qui est, en 2023, le président de la banque centrale américaine, la Réserve fédérale. Quel est son nom ?

❍ **a.** Jerome Powell ❍ **b.** Lael Brainard
❍ **c.** Janet Yellen ❍ **d.** Larry Summers

127 En 2023, approximativement, combien la France détient-elle de têtes nucléaires ?

❍ **a.** 150 ❍ **b.** 300 ❍ **c.** 500 ❍ **d.** 750

128 En 2023, approximativement, combien les États-Unis détiennent-ils de têtes nucléaires ?

❍ **a.** 4 000 ❍ **b.** 5 500 ❍ **c.** 9 000 ❍ **d.** 12 000

129 Le G5 Sahel est un cadre institutionnel de coordination et de suivi de la coopération régionale en matière de politiques de développement et de sécurité, créé lors d'un sommet en février 2014 par cinq États du Sahel. En 2022, un pays annonce quitter l'organisation. Lequel ?

❍ **a.** Le Mali ❍ **b.** Le Niger ❍ **c.** La Tchad ❍ **d.** Le Maroc

130 En 2023, d'importantes tensions réapparaissent au sein de l'Europe centrale. Quels pays s'opposent ?

❍ **a.** La Serbie et le Kosovo ❍ **b.** Le Kosovo et l'Albanie
❍ **c.** La Serbie et le Monténégro ❍ **d.** L'Albanie et le Monténégro

131 En 2023, quel est le nom du vice-président américain ?

❍ **a.** Elizabeth Warren ❍ **b.** Susan Rice
❍ **c.** George Floyd ❍ **d.** Kamala Harris

132 Qui est, depuis juin 2023, le président de la New Development Bank (NDB) ou « Banque des BRICS » ?

❍ **a.** Luiz Inácio Lula da Silva ❍ **b.** Dilma Rousseff
❍ **c.** Anil Sooklal ❍ **d.** Marcos Troyjo

133 En 2023, qui est le dirigeant de la Biélorussie ?

❍ **a.** Alexandre Loukachenko ❍ **b.** Sergueï Tikhanovski
❍ **c.** Roman Golovtchenko ❍ **d.** Valery Tsepkalo

134 En mars 2023, l'ancien Président américain Donald Trump est poursuivi en justice, au pénal, pour une affaire personnelle. Laquelle ?

❍ **a.** Il aurait tenté de corrompre des industriels pour lui permettre l'acquisition du gratte-ciel dénommé plus tard la Trump Tower
❍ **b.** Il aurait placé des capitaux personnels aux îles Caïman entre 2006 et 2016
❍ **c.** Il aurait acheté, en 2016, le silence d'une actrice de films X
❍ **d.** Il aurait harcelé deux actrices de cinéma en 2015

135 Quel pays devient le 31e membre de l'OTAN en avril 2023 ?

❍ **a.** La Bosnie-Herzégovine ❍ **b.** La Finlande
❍ **c.** La Géorgie ❍ **d.** La Suède

136 En 2023, les relations entre les États-Unis et les Philippines se rapprochent. Pour quelle raison ?

❍ **a.** Les États-Unis décident de ne pas poursuivre l'ancien président philippin Benigno S. Aquino III au Tribunal pénal international
❍ **b.** L'armée américaine est autorisée à se déployer sur quatre nouvelles bases des Philippines
❍ **c.** Les Philippines décident d'acheter des sous-marins à propulsion nucléaires américains
❍ **d.** Les Philippines décident de ne pas autoriser l'utilisation de leurs ports aux navires militaires chinois

137 Lors d'une visite à Pékin en mars 2023, deux pays annoncent rétablir leurs relations diplomatiques, rompues en 2016. De quels pays s'agit-il ?

❍ **a.** L'Arabie saoudite et Israël
❍ **b.** Israël et la Syrie
❍ **c.** L'Iran et l'Irak
❍ **d.** L'Arabie saoudite et l'Iran

138 En 2022, avant l'invasion par les Russes, la région du Donbass était divisée en deux oblasts. Lesquels ?

❍ **a.** L'oblast de Louhansk et l'oblast de Crimée
❍ **b.** L'oblast de Kherson et l'oblast de Mykolaïv
❍ **c.** L'oblast de Kharkiv et l'oblast d'Odessa
❍ **d.** L'oblast de Donetsk et l'oblast de Louhansk

139 Le 1er novembre 2023 est célébré le 30e anniversaire de l'entrée en vigueur d'un important traité à l'échelle européenne. Lequel ?

❍ **a.** Le traité de Maastricht
❍ **b.** Le traité de Schengen
❍ **c.** Le traité de Nice
❍ **d.** Le traité de Lisbonne

140 Aux États-Unis en 2022, combien de fois plus les hommes noirs ont-ils de risque d'être tués par la police que les hommes blancs ?

❍ **a.** 2 fois ❍ **b.** 2,5 fois ❍ **c.** 3 fois ❍ **d.** 5 fois

141 **À 11 pays, quel est le poids économique des BRICS en 2023 ?**

❍ **a.** 20 % ❍ **b.** 30 % ❍ **c.** 40 % ❍ **d.**50 %

142 **En janvier 2022, l'Indonésie a officiellement décidé de retirer le statut de capitale à la ville de Jakarta, sur l'île de Java. Quel est le nom de la future nouvelle capitale ?**

❍ **a.** Jakesia ❍ **b.** Kalimantan ❍ **c.** Nusantara ❍ **d.** Semarang

143 **Sur quelle île se trouve la future capitale de l'Indonésie ?**

❍ **a.** Bali ❍ **b.** Sumbawa ❍ **c.** Nouvelle-Guinée ❍ **d.** Bornéo

144 **Qui est, depuis juin 2023, le président de la Banque mondiale ?**

❍ **a.** Ajay Banga ❍ **b.** Kristalina Georgieva
❍ **c.** Christine Lagarde ❍ **d.** Marcos Prado Troyjo

145 **Quel est le montant des ventes d'armes dans le monde en 2022 ?**

❍ **a.** 200 milliards d'euros ❍ **b.** 500 milliards d'euros
❍ **c.** 2 000 milliards d'euros ❍ **d.** 4 000 milliards d'euros

146 **Quelle est la part des personnes sous-alimentées dans le monde au début de l'année 2023 ?**

❍ **a.** 5 % ❍ **b.** 10 % ❍ **c.** 15 % ❍ **d.** 20 %

147 **La frontière entre la Chine et l'Inde fait l'objet de conflits récurrents. Quelle est la longueur de cette frontière ?**

❍ **a.** 90 km ❍ **b.** 1 600 km ❍ **c.** 3 500 km ❍ **d.** 4 800 km

148 **En août 2022, Poutine a évoqué la possibilité de stopper le Nord Stream 2. De quoi s'agit-il ?**

❍ **a.** D'un gazoduc reliant la Russie à l'Allemagne via la mer Baltique
❍ **b.** De l'installation de centrales nucléaires russes en mer arctique
❍ **c.** D'un gazoduc reliant la Russie à la Chine en passant par le pôle Nord
❍ **d.** De la construction d'une base militaire chinoise sur le Groenland

149 En 2022, plus de 130 000 personnes ont demandé l'asile en France ; parmi ceux-ci, certains bénéficient du statut de « dubliné ». Qu'est-ce qu'un « dubliné » ?

❍ **a.** Un passeur de migrants en violation avec le règlement de Dublin
❍ **b.** Un demandeur d'asile qui dépose une demande d'asile dans un autre pays européen que celui dans lequel il est arrivé et a été enregistré
❍ **c.** Un migrant qui demande l'asile dans un pays pour des raisons autres que politiques
❍ **d.** Un migrant qui dépose sa demande d'asile pour la seconde fois

150 En 2022, environ 25 000 migrants sont arrivés sur l'île de Lampedusa. À quel pays appartient cette île ?

❍ **a.** L'Italie ❍ **b.** La Grèce ❍ **c.** La Turquie ❍ **d.** Malte

151 À la suite d'un important incendie d'origine criminelle en septembre 2020, un nouveau camp d'accueil de migrants est ouvert en septembre 2022 sur l'île de Lesbos. À quel pays appartient cette île ?

❍ **a.** L'Italie ❍ **b.** La Grèce ❍ **c.** La Turquie ❍ **d.** Malte

152 Début 2022 est réactivé le « format Normandie » dans le règlement d'un conflit international. Quel est ce « format Normandie » ?

❍ **a.** Configuration diplomatique à cinq pays mise en place pour régler le différend sur les approvisionnements du gaz russe, qui rassemble la France, l'Allemagne, la Pologne, la Suède et la Russie
❍ **b.** Configuration diplomatique à quatre pays adoptée pendant la guerre du Donbass, qui rassemble la Russie et l'Ukraine, l'Allemagne et la France
❍ **c.** Configuration diplomatique à quatre pays pour régler le problème frontalier entre les pays baltes et la Russie
❍ **d.** Configuration diplomatique à trois instances adoptée pour régler le problème de Chypre, et qui rassemble la Grèce, la Turquie et l'Union européenne

153 **Parmi ces propositions, laquelle est juste ? Les juges à la Cour suprême américaine sont :**

❍ **a.** Élus par les seuls sénateurs

❍ **b.** Cooptés par les autres membres de la Cour suprême et élus par les grands électeurs

❍ **c.** Nommés par le président des États-Unis avec le consentement du Sénat à la majorité qualifiée des 3/5e.

❍ **d.** Élus par les grands électeurs.

154 **Quelle est la durée du mandat des juges à la Cour suprême des États-Unis ?**

❍ **a.** Un mandat de 10 ans

❍ **b.** Deux mandats de 5 ans maximum

❍ **c.** Ils peuvent siéger jusqu'à leur 80e anniversaire.

❍ **d.** À vie

155 **En avril 2022, Joe Biden a nommé un nouveau juge à la Cour suprême des États-Unis. Quelle est sa particularité ?**

❍ **a.** Premier juge à s'afficher homosexuel

❍ **b.** Premier juge d'origine navajo

❍ **c.** Premier juge ayant acquis la nationalité américaine

❍ **d.** Première femme noire à la Cour suprême

156 **Qui, en février 2022, le président américain Joe Biden a-t-il nommé à la Cour suprême ?**

❍ **a.** Stephen Breyer

❍ **b.** Amy Coney Barrett

❍ **c.** Ketanji Brown Jackson

❍ **d.** Mitch McConnell

157 En mars 2023, le Parlement français a qualifié de génocide l'Holodomor. Qu'est-ce que l'Holodomor ?

❍ **a.** Les massacres turcs à l'égard des Arméniens entre 1915 et 1923
❍ **b.** Les guerres engagées par la Russie en Tchétchénie de 1994 à 1996 et de 1999 à 2000
❍ **c.** Une famine provoquée au début des années 1930 en Ukraine par les autorités soviétiques, à l'origine de la mort de plusieurs millions de personnes
❍ **d.** Les atrocités perpétrées sur la ville bosniaque de Srebrenica par les troupes menées par le commandant bosno-serbe, Ratko Mladić, durant la guerre de Bosnie-Herzégovine en 1995

158 Sous la présidence de Vladimir Poutine, la Russie entretient des relations privilégiées avec une organisation internationale européenne. Laquelle ?

❍ **a.** Les pays membres de la zone euro
❍ **b.** Les pays membres de l'espace Schengen
❍ **c.** Les pays baltes
❍ **d.** Le groupe de Visegrad

159 Le groupe de Visegrad désigne un ensemble de plusieurs pays d'Europe. Lesquels ?

❍ **a.** La Hongrie, la Pologne, la République tchèque et la Slovaquie
❍ **b.** L'Estonie, la Lettonie et la Lituanie
❍ **c.** La Suède, le Danemark et la Finlande
❍ **d.** La Roumanie, l'Autriche et la Bulgarie

160 Lequel de ces pays n'est pas un pays balte ?

❍ **a.** La Lituanie ❍ **b.** La Finlande
❍ **c.** La Lettonie ❍ **d.** L'Estonie

161 Qu'appelle-t-on aux États-Unis le mouvement de QAnon ?

❍ **a.** Un mouvement conspirationniste et complotiste pro-Trump
❍ **b.** Un mouvement de défense des noirs
❍ **c.** Un mouvement contre l'avortement
❍ **d.** Un mouvement contre la détention et le port d'arme

162 **Les membres du mouvement de QAnon se reconnaissent entre eux grâce à une lettre ; laquelle ?**

❍ **a.** G (pour God) ❍ **b.** Y (pour Youth)
❍ **c.** W (pour White) ❍ **d.** Q (pour Question)

163 **En 2023, à combien de jours s'élèvent les stocks stratégiques de pétrole en France ?**

❍ **a.** 30 jours ❍ **b.** 60 jours
❍ **c.** 90 jours ❍ **d.** 120 jours

164 **Durant l'été 2022, on assiste à un fort regain de tensions dans le conflit au Haut-Karabakh. Quelles forces s'y opposent ?**

❍ **a.** La Russie et la Géorgie
❍ **b.** L'Arménie et la Géorgie
❍ **c.** La Russie et l'Azerbaïdjan
❍ **d.** L'Arménie et l'Azerbaïdjan

165 **Parmi l'ensemble de ces pays, lequel n'appartient pas à l'espace géographique de la Transcaucasie, lieu de récurrents conflits ?**

❍ **a.** La Géorgie ❍ **b.** La Daguestan
❍ **c.** L'Arménie ❍ **d.** L'Azerbaïdjan

166 **Parmi ces quatre pays, quel est celui qui accueille la communauté arménienne le plus importante en 2023 ?**

❍ **a.** La Turquie ❍ **b.** L'Iran
❍ **c.** La Géorgie ❍ **d.** La Russie

167 **En 2023, combien y a-t-il de monarchies dans l'Union européenne ?**

❍ **a.** 4 ❍ **b.** 5 ❍ **c.** 6 ❍ **d.** 7

168 **Quel pays est, en 2023, le pays africain le plus endetté vis-à-vis de la Chine ?**

❍ **a.** L'Angola
❍ **b.** L'Égypte
❍ **c.** L'Éthiopie
❍ **d.** Le Nigeria

169 Selon une étude de l'OCDE de 2023, l'écart moyen de salaire entre les femmes et les hommes dans 33 pays de l'OCDE, qui figurent parmi les pays les plus développés, est de 14 %. Quelle en est la cause principale ?

❍ **a.** Un écart de formation initiale irrattrapable plus tard au niveau salarial

❍ **b.** La carrière des femmes évolue plus lentement que celle des hommes après leur première maternité

❍ **c.** Un manque d'ambitions des femmes à tout niveau de responsabilités

❍ **d.** Une arrivée plus tardive des femmes sur le marché du travail

170 D'ici 2030, quel pays de l'Union européenne va connaître la réduction la plus importante de sa population ?

❍ **a.** La Lettonie ❍ **b.** La Grèce ❍ **c.** La Suède ❍ **d.** La Belgique

171 D'ici 2030, quel pays de l'Union européenne va connaître la hausse la plus importante de sa population ?

❍ **a.** La France ❍ **b.** L'Irlande ❍ **c.** L'Autriche ❍ **d.** La Bulgarie

172 Dans le cadre du Pacte vert, ou *Green Deal*, de la Commission européenne, à quel horizon l'Union européenne a-t-elle pour objectif d'atteindre la neutralité carbone ?

❍ **a.** 2030 ❍ **b.** 2040 ❍ **c.** 2050 ❍ **d.** 2060

173 Quel est le nom du principal instrument pour l'environnement et la sauvegarde de la nature disponible dans le cadre de la politique européenne de l'environnement ?

❍ **a.** Le programme GREEN ❍ **b.** Le programme NATURE

❍ **c.** Le programme LIFE ❍ **d.** Le programme SAFE

174 Le Forum économique mondial de Davos qui se tient chaque année en hiver :

❍ **a.** Est la réunion institutionnelle du FMI

❍ **b.** Est une organisation internationale indépendante

❍ **c.** Est une institution de régulation du commerce mondial

❍ **d.** Est une organisation caritative internationale

175 Qui est le président du Chili en 2023 ?

❍ **a.** José Antonio Kast ❍ **b.** Sebastian Piñera
❍ **c.** Gabriel Boric ❍ **d.** Augusto Pinochet

176 Qui est le président du Pérou en 2023 ?

❍ **a.** Francisco Sagasti ❍ **b.** Dina Boluarte
❍ **c.** Manuel Merino ❍ **d.** Augusto Pinochet

177 Qu'est-ce que le système SWIFT dont de nombreux pays ont souhaité exclure la Russie lors de son invasion de l'Ukraine ?

❍ **a.** Un réseau diplomatique international universellement utilisé par les États
❍ **b.** Un réseau mondial de satellites civils d'observation de la Terre
❍ **c.** Un système de connexions internationales de centrales électriques
❍ **d.** Un réseau de transferts d'informations financières

178 Quel est le nom de la série dans laquelle le président ukrainien Volodymyr Zelensky a forgé sa popularité en tant qu'acteur ?

❍ **a.** *Le Peuple souverain*
❍ **b.** *Serviteur du peuple*
❍ **c.** *Au service du peuple*
❍ **d.** *Le People au pouvoir*

179 En 2023 est célébré le 60e anniversaire de la rupture officielle des relations diplomatiques entre deux puissances importantes. Lesquelles ?

❍ **a.** La Chine et les États-Unis
❍ **b.** La Chine et l'URSS
❍ **c.** L'URSS et les États-Unis
❍ **d.** La Chine et la France

180 Depuis 2023, et pour deux ans, quel pays préside le Conseil de l'Arctique ?

❍ **a.** Les États-Unis ❍ **b.** Le Danemark
❍ **c.** La Norvège ❍ **d.** La Russie

181 Combien de pays sont membres du Conseil de l'Arctique en 2023 ?

❍ **a.** 6 ❍ **b.** 8 ❍ **c.** 10 ❍ **d.** 12

182 Quelle proposition concernant le Conseil de l'Arctique est fausse ?

❍ **a.** Le Conseil de l'Arctique a été créé en 1996
❍ **b.** La France n'est pas membre du Conseil de l'Arctique.
❍ **c.** Le secrétariat permanent est assuré par la Norvège.
❍ **d.** La Chine est membre depuis sa création.

183 Selon le rapport de l'Institut international de recherche sur la paix de Stockholm (SIPRI) de 2023, quelle est la part de la France dans les exportations mondiales d'armes ?

❍ **a.** 5 % ❍ **b.** 8 % ❍ **c.** 13 % ❍ **d.** 15 %

184 Qui proclame, en 1923, la fondation de la Turquie moderne ?

❍ **a.** Sultan Abdülhamid II ❍ **b.** Moustafa Kemal Atatürk
❍ **c.** Enver Pacha ❍ **d.** Recep Tayyip Erdoğan

185 Quel est le nom du président de l'Ukraine souveraine lors de l'invasion par la Russie ?

❍ **a.** Alexandre Loukachenko ❍ **b.** Ilham Aliyev
❍ **c.** Maia Sandu ❍ **d.** Volodymyr Zelensky

186 Le 21 février 2022 était célébré le 50e anniversaire d'une importante rencontre diplomatique. Laquelle ?

❍ **a.** La rencontre entre Brejnev et Nixon
❍ **b.** La rencontre entre Mao Tsé-toung et Nixon
❍ **c.** La rencontre entre de Gaulle et Fidel Castro
❍ **d.** La rencontre entre de Gaulle et Hô Chi Minh au Vietnam

187 Quelle est la signification de l'acronyme QAnon, qui désigne un mouvement radical américain présent depuis quelques années ?

❍ **a.** Contraction de Q, America et No Neutral
❍ **b.** Quaker American Never OpeN
❍ **c.** Contraction de Q et Anonyme
❍ **d.** Queue of American No Noble

188 **Selon l'Institut international de recherche sur la paix de Stockholm (SIPRI), quel pays détient, en 2023, le plus grand nombre d'ogives nucléaires ?**

❍ **a.** La Chine
❍ **b.** La Russie
❍ **c.** Les États-Unis
❍ **d.** L'Union européenne

189 **Au moment du décès de la Reine Élisabeth II, en septembre 2023, quelle est la région du monde la plus représentée en termes d'États du *Commonwealth* ?**

❍ **a.** Le continent africain
❍ **b.** L'Asie du Sud-Est
❍ **c.** Les Caraïbes
❍ **d.** La zone Pacifique

190 **Quelle ville a été désignée « Capitale verte européenne » 2023 ?**

❍ **a.** Tallinn ❍ **b.** Hambourg ❍ **c.** Inverness ❍ **d.** Palerme

191 **Quelle ville a été désignée « Capitale verte européenne » 2024 ?**

❍ **a.** Bratislava ❍ **b.** Salzbourg ❍ **c.** Valence ❍ **d.** Budapest

192 **En date du 1er août 2023, combien de pays sont membres de l'OTAN ?**

❍ **a.** 20 ❍ **b.** 25 ❍ **c.** 31 ❍ **d.** 35

193 **Quel est le montant, en 2023, de la dette moyenne des étudiants américains ?**

❍ **a.** 16 000 $ ❍ **b.** 25 000 $ ❍ **c.** 38 000 $ ❍ **d.** 51 000 $

194 **La Chine entretient depuis plusieurs années des relations délicates avec ses voisins. Combien la Chine compte-t-elle de pays voisins ?**

❍ **a.** 8 ❍ **b.** 10 ❍ **c.** 12 ❍ **d.** 14

195 **En 2023, quelle est la principale ethnie chinoise ?**

❍ **a.** Moghol ❍ **b.** Manchu ❍ **c.** Han ❍ **d.** Hai

196 **En 2023, lequel de ces pays héberge sur son sol des armes nucléaires au nom de l'OTAN ?**

❍ **a.** La Pologne ❍ **b.** La Roumanie
❍ **c.** La Hongrie ❍ **d.** La Turquie

197 **Le 22 janvier 2023 est célébré le 60e anniversaire d'une rencontre entre le général de Gaulle et le chancelier allemand Konrad Adenauer, donnant lieu à la signature d'un important traité. Comment s'appelle ce traité ?**

❍ **a.** Le traité de Versailles ❍ **b.** Le traité de Berlin
❍ **c.** Le traité de Weimar ❍ **d.** Le traité de l'Élysée

198 **« MBS » désigne le prince héritier d'une monarchie du golfe Persique. Qui est « MBS » ?**

❍ **a.** Mohammed Bani Sadr ❍ **b.** Mohammed ben Salmane
❍ **c.** Mohammed ban Slimani ❍ **d.** Mohammed ben Sidra

199 **De quel pays « MBS » est-il le prince héritier ?**

❍ **a.** L'Arabie saoudite
❍ **b.** Les Émirats arabes unis
❍ **c.** Le Qatar
❍ **d.** Le Koweït

200 **Qui est, en 2023, président de la République fédérale allemande ?**

❍ **a.** Joachim Gauck ❍ **b.** Gustav Heinemann
❍ **c.** Frank-Walter Steinmeier ❍ **d.** Gerhard Shroeder

201 **En 2022 et 2023, deux pays européens ont un important litige administratif et territorial qui a conduit à ce qu'un plan franco-allemand soit proposé en mars 2023 afin de normaliser la situation. De quels pays s'agit-il ?**

❍ **a.** La Serbie et le Kosovo
❍ **b.** Le Kosovo et la Macédoine du Nord
❍ **c.** La Serbie et la Roumanie
❍ **d.** La Grèce et le Monténégro

PARTIE 3

202 **Le 30 janvier 2022 était célébré le 50e anniversaire du « Bloody Sunday ». De quoi s'agit-il ?**

❍ **a.** L'attaque de la Convention démocrate aux États-Unis lors de l'investiture du candidat à l'élection présidentielle

❍ **b.** Le coup d'État avorté des Cortès à Madrid

❍ **c.** La mort de quatorze civils nord-irlandais tués par des soldats britanniques à Derry

❍ **d.** L'invasion ratée de la baie des Cochons à Cuba par des troupes américaines

203 **Quelle lauréate du prix Nobel est une figure historique de l'opposition en Biélorussie ?**

❍ **a.** Svetlana Tsikhanovskaïa
❍ **b.** Svetlana Alexievitch
❍ **c.** Maria Kolesnikova
❍ **d.** Mikola Statkevitch

204 **Quel est, en 2023, le premier fournisseur de pétrole de la Chine ?**

❍ **a.** La Russie ❍ **b.** L'Arabie saoudite ❍ **c.** La Qatar ❍ **d.** L'Irak

205 **Quelle est la plus grande entreprise sud-coréenne en 2022 en termes de chiffres d'affaires ?**

❍ **a.** Kia
❍ **b.** Hyundai Motor
❍ **c.** LG Electronics
❍ **d.** Samsung Electronics

206 **Au moment de l'invasion de l'Ukraine par la Russie, qui était le maire de la capitale Kiev ?**

❍ **a.** Wladimir Klitschko
❍ **b.** Petro Porochenko
❍ **c.** Vitali Klitschko
❍ **d.** Viktor Ianoukovytch

207 **Quel pays a fait officiellement acte de candidature à l'entrée dans l'UE en décembre 2022 ?**

❍ **a.** L'Albanie
❍ **b.** La Bosnie-Herzégovine
❍ **c.** Le Kosovo
❍ **d.** La Macédoine du Nord

208 **En 2022, parmi les neuf juges de la Cour suprême américaine, combien ont été nommés par des présidents républicains ?**

❍ **a.** 3 ❍ **b.** 5 ❍ **c.** 6 ❍ **d.** 8

209 La Turquie entretient des relations complexes avec l'Union européenne. Depuis quand est-elle candidate à l'adhésion ?
❍ **a.** 1987 ❍ **b.** 1993 ❍ **c.** 1999 ❍ **d.** 2006

210 Dans les institutions européennes, le poids politique d'un pays dépend en partie de sa population. Combien la Turquie a-t-elle d'habitans, en 2023 ?
❍ **a.** 59 ❍ **b.** 66 ❍ **c.** 75 ❍ **d.** 85

211 Depuis de nombreuses années, la candidature turque à l'adhésion à l'UE bloque car la Turquie ne satisfait pas aux exigences européennes. Comment se nomme l'ensemble de ces critères ?
❍ **a.** Les critères de Copenhague ❍ **b.** Les critères de Maastricht
❍ **c.** Les critères de Dublin ❍ **d.** Les critères d'Oslo

212 Lequel de ces pays n'est pas à majorité sunnite ?
❍ **a.** L'Iran ❍ **b.** La Syrie
❍ **c.** L'Arabie saoudite ❍ **d.** L'Afghanistan

213 Quel pays a, en 2022, l'espérance de vie la plus faible au monde ?
❍ **a.** L'Afghanistan ❍ **b.** L'Iran ❍ **c.** Le Tchad ❍ **d.** L'Ukraine

214 Quelle est, en 2022, l'espérance de vie moyenne à l'échelle de la planète ?
❍ **a.** 58,5 ans ❍ **b.** 62,2 ans ❍ **c.** 68,1 ans ❍ **d.** 73,5 ans

215 Quel pays a, en 2022, l'espérance de vie la plus élevée du monde ?
❍ **a.** Le Canada ❍ **b.** Monaco ❍ **c.** Singapour ❍ **d.** Malte

216 En février 2023, Vladimir Poutine annonce « suspendre » la participation de la Russie au traité New Start. En quoi consiste ce traité ?
❍ **a.** La coopération en matière spatiale
❍ **b.** L'ouverture de routes commerciales entre la Sibérie et l'Alaska
❍ **c.** La réduction des armements nucléaires
❍ **d.** L'échange de données en matière de terrorisme international

PARTIE 3

217 En 2022, le gouvernement a remplacé le nom de « Turquie » par un autre nom. Lequel ?

❍ **a.** République ottomane
❍ **b.** Empire ottoman de l'Ouest
❍ **c.** Türkiye
❍ **d.** Turkistan occidental

218 En février 2023 a été signé l'Accord de Windsor entre l'Union européenne et le Royaume-Uni. En quoi consiste cet accord ?

❍ **a.** C'est un accord visant à limiter fortement les flux migratoires entre l'Union européenne et le Royaume-Uni, principalement en provenance de France
❍ **b.** C'est un accord visant à réduire les procédures de douanes entre la Grande-Bretagne et l'Irlande du Nord ainsi que la réglementation de l'Union européenne qui s'applique en Irlande du Nord
❍ **c.** C'est un accord visant à réduire les contrôles aux frontières pour les Européens entrant sur le territoire du Royaume-Uni
❍ **d.** C'est un accord visant à augmenter les quotas de pêche des pays membres de l'Union européenne dans les eaux territoriales du Royaume-Uni

219 En février 2023, le Parlement espagnol adopte un projet de loi particulier à destination des femmes. Lequel ?

❍ **a.** Un projet de loi permettant aux femmes souffrant de règles douloureuses d'obtenir un arrêt de travail, financé par la Sécurité sociale
❍ **b.** Un projet de loi permettant aux femmes de disposer de « coupe-queues » dans les services publics
❍ **c.** Un projet de loi permettant aux femmes de disposer de places réservées dans les soins d'urgence
❍ **d.** Un projet de loi permettant aux femmes de disposer de places réservées dans les universités publiques

220 Quel est le nom du Premier ministre israélien élu aux élections de novembre 2022 ?

❍ **a.** Benyamin Nétanyahou
❍ **b.** Benny Gantz
❍ **c.** Naftali Bennett
❍ **d.** Nitzan Horowitz

221 Quel est le poids du PIB indien en % du PIB chinois en 2023 ?

❍ **a.** Un quart ❍ **b.** Un tiers ❍ **c.** La moitié ❍ **d.** Les deux tiers

222 En 2023, quelle est la part du PIB national qu'un pays membre de l'OTAN doit consacrer à cette organisation ?

❍ **a.** 1 % ❍ **b.** 2 % ❍ **c.** 4 % ❍ **d.** 8 %

223 En 2023, la Turquie célèbre l'anniversaire de sa fondation moderne. Quel anniversaire est-ce ?

❍ **a.** Cinquantenaire ❍ **b.** Centenaire
❍ **c.** 200 ans ❍ **d.** 500 ans

224 Quelle personnalité américaine de premier plan s'est rendue à Taïwan début août 2022 ?

❍ **a.** L'ancien président Donald Trump
❍ **b.** La présidente de la Chambre des représentants, Nancy Pelosi
❍ **c.** Le secrétaire d'État de Joe Biden, Antony Blinken
❍ **d.** La vice-présidente de Joe Biden, Kamala Harris

225 Quand l'Afghanistan a-t-il été sous le régime de l'émirat islamique d'Afghanistan ?

❍ **a.** 1995-2018 ❍ **b.** 1996-2001
❍ **c.** 2001-2021 ❍ **d.** 2003-2015

226 En mars 2023, des enquêtes journalistiques polonaises font d'importantes révélations sur Karol Wojtyla, devenu le Pape Jean Paul II. En quoi consistent-elles ?

❍ **a.** Karol Wojtyla aurait fermé les yeux sur des malversations financières au sein de l'Église polonaise
❍ **b.** Karol Wojtyla était au courant de scandales pédophiles au sein de l'Église catholique polonaise sans avoir daigné prendre des mesures appropriées
❍ **c.** Jean Paul II a échappé à cinq tentatives d'attentats lors de sa fonction de Pape
❍ **d.**Jean Paul II a toujours refusé de rencontrer le Dalaï-Lama en dépit de la pression de son entourage

PARTIE 3

227 **Que signifie le terme de taliban ?**

❍ **a.** Étudiant ❍ **b.** Érudit
❍ **c.** Combattant ❍ **d.** Croyant

228 **Le 27 février 2023, l'Allemagne se rappelle le 23 février 1933. Que s'était-il passé ?**

❍ **a.** L'arrivée de Hitler au pouvoir
❍ **b.** L'invasion de la Tchécoslovaquie par les troupes nazies
❍ **c.** La signature du pacte germano-soviétique
❍ **d.** L'incendie du Reichstag

229 **Quelle importante banque américaine est tombée en faillite en mars 2023, la première depuis la crise des subprimes ?**

❍ **a.** Agricultural Californian Bank ❍ **b.** Orange Bank
❍ **c.** Silicon Valley Bank ❍ **d.** Tweet Bank

230 **Quelle est la signification de l'acronyme NIMBY ?**

❍ **a.** *Not In My BackYard*
❍ **b.** *No Inflation Movement on Business Yard*
❍ **c.** *Normal Identity Measure Based on Yourself*
❍ **d.** *Never Invite Movement on Basic Yield*

231 **Quel a été le coût global des 20 ans de guerre en Afghanistan pour les États-Unis ?**

❍ **a.** 600 milliards de dollars ❍ **b.** 1 100 milliards de dollars
❍ **c.** 1 800 milliards de dollars ❍ **d.** 2 300 milliards de dollars

232 **Quelle est la guerre la plus longue de l'histoire américaine ?**

❍ **a.** La guerre en Irak ❍ **b.** La guerre en Afghanistan
❍ **c.** La guerre au Vietnam ❍ **d.** La guerre à Grenade

233 **Selon une étude d'Amnesty International, combien y a-t-il eu d'exécutions en Arabie saoudite en 2022 ?**

❍ **a.** 51 ❍ **b.** 88 ❍ **c.** 138 ❍ **d.** 224

234 Qui est, en 2023, président des Philippines ?

❍ **a.** Joseph Aquino, fils de l'ancien président Benigno Aquino III
❍ **b.** Paolo Duterte, fils de l'ancien président Rodrigo Duterte
❍ **c.** Manuel Quirino, petit-fils de l'ancien président Elpidio Quirino
❍ **d.** Ferdinand Marcos Junior, fils de l'ancien dictateur Ferdinand E. Marcos

235 Le 30 août 2022 est décédé Mikhaïl Gorbatchev. Sur quelle période a-t-il dirigé l'URSS ?

❍ **a.** Entre 1985 et 1991
❍ **b.** Entre 1983 et 1989
❍ **c.** Entre 1985 et 1989
❍ **d.** Entre 1985 et 1999

236 Quel prix prestigieux a-t-on décerné à Mikhaïl Gorbatchev en 1990 ?

❍ **a.** La médaille Fields
❍ **b.** Le prix Sakharov
❍ **c.** Le prix Nobel de littérature
❍ **d.** Le prix Nobel de la paix

237 Pendant six ans, Mikhaïl Gorbatchev a dirigé l'URSS. À qui a-t-il succédé et qui lui a succédé ?

❍ **a.** Andropov et Tchernenko
❍ **b.** Andropov et Eltsine
❍ **c.** Tchernenko et Eltsine
❍ **d.** Eltsine et Poutine

238 Durant la période au cours de laquelle Mikhaïl Gorbatchev était au pouvoir en URSS, deux termes sont apparus dans le discours politique, « perestroïka » et « glasnost ». Quelle est la signification de ces deux termes ?

❍ **a.** Libéralisation et liberté d'expression
❍ **b.** Reconstruction et transparence
❍ **c.** Libertés et démocratie
❍ **d.** Reconstruction et démocratisation

CORRIGÉS

1 **a**	2 **b**	3 **a**	4 **b**	5 **d**	6 **a**	7 **c**	8 **d**	9 **d**	10 **b**
11 **b**	12 **b**	13 **a**	14 **b**	15 **b**	16 **d**	17 **d**	18 **c**	19 **c**	20 **d**
21 **b**	22 **c**	23 **a**	24 **b**	25 **d**	26 **a**	27 **c**	28 **b**	29 **c**	30 **d**
31 **d**	32 **d**	33 **d**	34 **b**	35 **c**	36 **b**	37 **b**	38 **a**	39 **c**	40 **d**
41 **d**	42 **a**	43 **a**	44 **a**	45 **c**	46 **a**	47 **d**	48 **b**	49 **a**	50 **d**
51 **a**	52 **d**	53 **c**	54 **b**	55 **c**	56 **d**	57 **b**	58 **a**	59 **d**	60 **d**
61 **a**	62 **d**	63 **c**	64 **d**	65 **a**	66 **b**	67 **a**	68 **d**	69 **c**	70 **b**
71 **b**	72 **a**	73 **b**	74 **b**	75 **c**	76 **c**	77 **d**	78 **c**	79 **a**	80 **c**
81 **a**	82 **c**	83 **b**	84 **a**	85 **c**	86 **a**	87 **b**	88 **a**	89 **c**	90 **c**
91 **c**	92 **a**	93 **b**	94 **b**	95 **b**	96 **b**	97 **b**	98 **a**	99 **c**	100 **c**
101 **b**	102 **d**	103 **a**	104 **c**	105 **b**	106 **d**	107 **d**	108 **c**	109 **d**	110 **d**
111 **b**	112 **c**	113 **b**	114 **b**	115 **a**	116 **b**	117 **c**	118 **a**	119 **c**	120 **c**
121 **a**	122 **c**	123 **a**	124 **b**	125 **b**	126 **a**	127 **b**	128 **b**	129 **a**	130 **a**
131 **d**	132 **b**	133 **a**	134 **c**	135 **b**	136 **b**	137 **d**	138 **d**	139 **a**	140 **b**
141 **b**	142 **c**	143 **d**	144 **a**	145 **c**	146 **b**	147 **c**	148 **a**	149 **b**	150 **a**
151 **b**	152 **b**	153 **c**	154 **d**	155 **d**	156 **c**	157 **c**	158 **d**	159 **a**	160 **b**
161 **a**	162 **d**	163 **c**	164 **d**	165 **b**	166 **d**	167 **c**	168 **a**	169 **b**	170 **a**
171 **b**	172 **c**	173 **c**	174 **b**	175 **c**	176 **b**	177 **d**	178 **b**	179 **a**	180 **c**
181 **b**	182 **d**	183 **c**	184 **b**	185 **d**	186 **b**	187 **c**	188 **c**	189 **a**	190 **a**
191 **c**	192 **c**	193 **c**	194 **d**	195 **c**	196 **d**	197 **d**	198 **b**	199 **a**	200 **c**
201 **a**	202 **c**	203 **b**	204 **a**	205 **d**	206 **c**	207 **c**	208 **c**	209 **a**	210 **d**
211 **a**	212 **a**	213 **c**	214 **b**	215 **c**	216 **c**	217 **c**	218 **b**	219 **a**	220 **a**
221 **a**	222 **b**	223 **b**	224 **b**	225 **a**	226 **b**	227 **c**	228 **d**	229 **c**	230 **a**
231 **d**	232 **b**	233 **c**	234 **d**	235 **a**	236 **d**	237 **c**	238 **b**		

PARTIE 4

CULTURE ET SCIENCES

QCM

1 En février 2023, le gouvernement brésilien a pris une décision importante concernant le porte-avion Foch acheté à la France en 2000. Quelle est cette décision ?

❍ **a.** Le couler par la marine brésilienne dans l'océan Atlantique
❍ **b.** Le vendre au Mexique
❍ **c.** Le laisser en rade de São Paulo et en faire un hôtel de luxe
❍ **d.** L'utiliser pour faire des croisières

2 Quelle est, en 2023, la principale origine des déchets radioactifs en France ?

❍ **a.** Défense
❍ **b.** Électronucléaire
❍ **c.** Industrie non électronucléaire et médicale
❍ **d.** Recherche

3 Selon *The Economist*, quelle a été la ville la plus chère au monde en 2023 ?

❍ **a.** Paris
❍ **b.** Honk-Kong
❍ **c.** Tel Aviv
❍ **d.** New York

4 Depuis quelques années se développe, partout dans le monde, la « *cancel culture* ». De quoi s'agit-il ?

❍ **a.** De la pratique à pointer du doigt une personnalité ou une entreprise dont un propos, ou une action, a été considéré comme répréhensible ou « offensant » et à lui retirer son soutien via les réseaux sociaux
❍ **b.** D'une forme de négationnisme politique
❍ **c.** Du droit à l'oubli
❍ **d.** D'une revendication à vivre de façon primitive

5 L'ONU fait de chaque année l'« Année internationale de… ». Qu'est-il célébré durant l'année 2023 ?

❍ **a.** Le mil
❍ **b.** La coopération dans le domaine de l'eau
❍ **c.** Les coopératives
❍ **d.** Les forêts

6 L'ONU fait de chaque année l'« Année internationale de… ». Qu'est-il célébré durant l'année 2024 ?

❍ **a.** Le pastoralisme
❍ **b.** La coopération dans le domaine de l'eau
❍ **c.** Les camélidés
❍ **d.** Les sciences fondamentales pour le développement durable

7 Entre 2011 (fin du programme Atlantis) et 2023, la NASA n'a pas envoyé d'astronautes sur la Station spatiale internationale. Par quel lanceur est-elle passée ?

❍ **a.** Le lanceur européen Ariane
❍ **b.** Le lanceur russe Soyouz
❍ **c.** Le lanceur chinois Longue Marche
❍ **d.** Le lanceur japonais HTV

8 En 2023, si tous les habitants du monde vivaient comme des Qatariens, combien faudrait-il de planètes comme la Terre ?

❍ **a.** 2,9 ❍ **b.** 4,5 ❍ **c.** 5,1 ❍ **d.** 9,2

9 Quel est, en 2023, le jour du dépassement de la Terre ?

❍ **a.** 16 juillet ❍ **b.** 2 août
❍ **c.** 16 août ❍ **d.** 2 septembre

10 Quelle est la signification de l'acronyme SWIFT dont on parle au cours de la guerre en Ukraine ?

❍ **a.** System of Worldwide Interference Technologies
❍ **b.** Society for Worldwide Interbank Financial Telecommunication
❍ **c.** Satellites of Worldwide Interpretation Factual Troubles
❍ **d.** Systemic Worldwide International Finance Trails

11 **Quel écrivain a été reçu à l'Académie française début 2023 alors même qu'il n'avait jamais écrit en français ?**

❍ **a.** Jorge Luis Borges
❍ **b.** Gabriel García Márquez
❍ **c.** Juan Rulfo
❍ **d.** Mario Vargas Llosa

12 **Dans le calendrier chinois, l'année 2024 est l'année…**

❍ **a.** du porc ❍ **b.** du singe
❍ **c.** du poulet ❍ **d.** du dragon

13 **Quel artiste a été nommé, en 2023, directeur créatif pour succéder à Virgil Abloh, décédé en 2022, chez Louis Vuitton ?**

❍ **a.** Drake
❍ **b.** Jay-Z
❍ **c.** Pharrell Williams
❍ **d.** Snoop Dogg

14 **En février 2023, Google annonce sa réponse à ChatGPT de Microsoft. Quel en est le nom ?**

❍ **a.** Bard
❍ **b.** ChatGoo
❍ **c.** LanGoog
❍ **d.** OpenAI

15 **En 2022-2023 se tient à Paris une importante exposition sur le peuple kanak. Que nomme-t-on le peuple kanak ?**

❍ **a.** Un peuple autochtone vivant dans les Antilles françaises
❍ **b.** Un peuple autochtone vivant en Guyane française
❍ **c.** Un peuple autochtone mélanésien de Nouvelle-Calédonie
❍ **d.** Un peuple autochtone vivant en Afrique subsaharienne

16 **Depuis le début de la pandémie, quel est le vaccin contre la Covid-19 le plus utilisé au sein de l'UE en 2023 ?**

❍ **a.** Moderna ❍ **b.** AstraZeneca
❍ **c.** Pfizer-BioNTech ❍ **d.** Johnson & Johnson/Janssen

17 **Le 1er janvier 2022, l'Union européenne définit sa « taxonomie verte », c'est-à-dire la liste des activités économiques et par là même les énergies considérées comme durables. Laquelle de ces énergies n'en fait pas partie ?**

❍ **a.** Le charbon
❍ **b.** Le nucléaire
❍ **c.** Le gaz
❍ **d.** L'éolien

18 **En 2023 est commémoré le 200e anniversaire de la mort d'un important économiste ; lequel ?**

❍ **a.** Karl Marx
❍ **b.** David Ricardo
❍ **c.** Jean-Baptiste Say
❍ **d.** Adam Smith

19 **En 2023, quel pays concentre le plus de *data* centers au monde ?**

❍ **a.** La Chine
❍ **b.** Les États-Unis
❍ **c.** L'Allemagne
❍ **d.** Le Canada

20 **Selon une étude de l'UNESCO publiée en 2023, pour 100 jeunes hommes achevant leur second cycle d'enscignement dans le monde, combien de jeunes filles y parviennent ?**

❍ **a.** 60
❍ **b.** 70
❍ **c.** 90
❍ **d.** 110

21 **Quelle langue a le plus grand nombre de locuteurs natifs sur les réseaux sociaux dans le monde en 2023 ?**

❍ **a.** L'espagnol
❍ **b.** L'anglais
❍ **c.** La mandarin
❍ **d.** L'hindi

22 Quel est le moyen de transport qui a la meilleure efficacité carbone (CO_2 par tonne-kilomètre) ?

❍ **a.** L'avion ❍ **b.** Le bateau
❍ **c.** Les poids lourds ❍ **d.** Le train

23 Qui a obtenu le prestigieux Booker Prize américain en 2023 ?

❍ **a.** Paul Beatty pour *Moi contre les États-Unis d'Amérique*
❍ **b.** Geetanjali Shree pour *Ret samadhi : au-delà de la frontière*
❍ **c.** Guéorgui Gospodinov pour *Le Pays du passé*
❍ **d.** Margaret Atwood pour *Le Tueur aveugle*

24 Début 2023, l'entreprise Moderna a annoncé avoir obtenu des résultats préliminaires positifs lors d'un essai d'un vaccin à ARN messager (ARNm) dirigé contre un virus responsable d'une maladie potentiellement grave ; laquelle ?

❍ **a.** La bronchiolite
❍ **b.** La dengue
❍ **c.** La grippe
❍ **d.** Le virus Zika

25 Quels sont les trois premiers pays à détenir des réserves des « terres rares » dans le monde, en 2023 ?

❍ **a.** La Chine, les États-Unis et l'Inde
❍ **b.** Le Brésil, la Russie et la Chine
❍ **c.** La Russie, la Chine et les États-Unis
❍ **d.** La Chine, le Brésil et le Vietnam

26 Quel métal, nécessaire à la fabrication des batteries de voitures électriques et hybrides, risque de connaître une pénurie à un horizon très rapide ?

❍ **a.** L'argent ❍ **b.** Le cobalt
❍ **c.** Le lithium ❍ **d.** Le silicium

27 Quelle est la signification de l'acronyme GPT ?

❍ **a.** General Public Text
❍ **b.** Generative Pre-Trained Transformer
❍ **c.** Genetic Participative Treatment
❍ **d.** Global Parole Treatment

28 Qu'appelle-t-on la Marche des fiertés qui se déroule chaque année en France comme dans de très nombreux autres pays ?

❍ **a.** Une manifestation des multiples communautés religieuses présentes sur un territoire
❍ **b.** Une marche visant à revendiquer la liberté du culte musulman dans un pays
❍ **c.** Une manifestation du mouvement LGBT destinée à revendiquer la liberté et l'égalité des orientations sexuelles et des identités de genre
❍ **d.** Une marche visant à exprimer des revendications locales au pouvoir central

29 Selon une étude de l'OCDE de 2023, quel est le coût moyen d'une année de formation aux États-Unis ?

❍ **a.** 15 000 €
❍ **b.** 25 000 €
❍ **c.** 45 000 €
❍ **d.** 55 000 €

30 Qu'est-ce qu'un blob ?

❍ **a.** Une créature unicellulaire, mise en culture notamment dans l'ISS en 2021
❍ **b.** Un type de rat rendu partiellement responsable, en 2020, d'être le vecteur de transmission de la Covid-19 à l'Homme
❍ **c.** Une espèce de mollusque découvert en 2021 dans la fosse la plus profonde au monde au Japon
❍ **d.** Une espèce végétale retrouvée sous forme de fossile en arctique en 2021

31 **Avec le crise énergétique majeure en raison de la guerre en Ukraine, le projet ITER apparaît plus opportun encore. Qu'est-ce que l'ITER ?**

❍ **a.** Un super calculateur dans le cadre de l'optimisation énergétique
❍ **b.** Un projet de réacteur nucléaire de recherche civil à fusion nucléaire
❍ **c.** Un projet de recherche sur l'exploitation des ressources énergétiques de Mars
❍ **d.** Le nom de code de l'avion électrique qui est en train d'être développé par Airbus

32 **En 2022, il est annoncé que le projet ITER serait mis en activité plus tard que prévu. À quelle date espère-t-on son fonctionnement ?**

❍ **a.** 2025
❍ **b.** 2035
❍ **c.** 2040
❍ **d.** 2050

33 **Quel film a remporté le César du meilleur film étranger à l'occasion de la cérémonie des César 2023 ?**

❍ **a.** *As bestas* réalisé par Rodrigo Sorogoyen
❍ **b.** *Close* réalisé par Lukas Dhont
❍ **c.** *La Conspiration du Caire* réalisé par Tarik Saleh
❍ **d.** *Sans filtre* réalisé par Ruben Östlund

34 **À quelle date la NASA espère-t-elle récupérer sur Terre les échantillons de sol martien extraits depuis 2020 ?**

❍ **a.** 2024 ❍ **b.** 2026 ❍ **c.** 2031 ❍ **d.** 2038

35 **Quel pays dispose des plus importantes réserves d'uranium au monde en 2023 ?**

❍ **a.** L'Australie
❍ **b.** Le Kazakhstan
❍ **c.** La Namibie
❍ **d.** La Russie

36 Qu'est-ce que le protocole de Nagoya ?

❍ **a.** Un accord international sur la biodiversité
❍ **b.** Un accord international sur la prévention des risques biotechnologiques
❍ **c.** Un accord international sur la prévention des tsunamis
❍ **d.** Un accord international sur la protection de l'animal

37 Quel pays occupe la première place pour le nombre de chercheurs, en équivalent temps plein, en 2022 ?

❍ **a.** La Chine ❍ **b.** Les États-Unis
❍ **c.** L'Union européenne ❍ **d.** Le Japon

38 Fin 2023, une entreprise automobile chinoise met sur le marché européen des véhicules électriques. Comment se nomme cette entreprise ?

❍ **a.** BYD ❍ **b.** CATL
❍ **c.** Chongqing Lifan ❍ **d.** JAC Automobile

39 Quel est, en 2023, l'établissement public français en charge de la biodiversité ?

❍ **a.** L'Office national de la chasse et de la faune sauvage
❍ **b.** Le ministère de l'Écologie
❍ **c.** L'Office français de la biodiversité
❍ **d.** L'Agence française pour la biodiversité

40 Quelle est la cause importante choisie pour la Décennie des Nations unies 2021-2030 dans le cadre de la FAO ?

❍ **a.** La suffisance alimentaire
❍ **b.** L'éradication du paludisme
❍ **c.** La restauration des écosystèmes
❍ **d.** La protection des espaces forestiers

41 En 2023, quelle est la part de la surface du territoire français considérée comme des zones humides ?

❍ **a.** 1,5 % ❍ **b.** 3,7 % ❍ **c.** 5,4 % ❍ **d.** 8,6 %

42 Ces dernières années, les avancées dans le domaine de la recherche scientifique conduisent à s'intéresser à la procréatique. De quoi s'agit-il ?

❍ **a.** Un médicament anabolisant
❍ **b.** L'ensemble des techniques de manipulation génétique
❍ **c.** Des thérapies géniques
❍ **d.** L'ensemble des techniques de procréation artificielle utilisant des techniques biomédicales

43 En 2022, les derniers essais de fonctionnement de l'EPR d'Olkiluoto ont été lancés avant la mise en service effective. Dans quel pays se trouve ce réacteur ?

❍ **a.** La France ❍ **b.** La Finlande
❍ **c.** La Chine ❍ **d.** Le Royaume-Uni

44 En 2022, plusieurs EPR mis en service dans le monde ont été arrêtés en raison de problèmes techniques. Quelle est la signification de l'acronyme EPR, qui désigne un type de réacteur nucléaire ?

❍ **a.** European Pressurized Water Reactor
❍ **b.** Energy Power Reactor
❍ **c.** Evolutionary Power Reactor
❍ **d.** Electricity Powered Reactor

45 Chaque année, de très importantes inondations en Chine menacent un grand barrage. Quel est le nom de ce barrage ?

❍ **a.** Barrage des Deux-Gorges ❍ **b.** Barrage des Trois-Gorges
❍ **c.** Barrage des Quatre-Gorges ❍ **d.** Barrage des Cinq-Gorges

46 En 2023, qui est le directeur général de l'Agence internationale de l'énergie atomique ?

❍ **a.** Rafael Mariano Grossi ❍ **b.** Yukiya Amano
❍ **c.** Mohamed el-Baradei ❍ **d.** Mary Alice Hayward

47 **En 2022 est décédée à l'âge de 100 ans Alice Pauli, célèbre galeriste suisse, notamment renommée pour avoir contribué au rayonnement de l'artiste Pierre Soulages. Pour quelle raison Pierre Soulages est-il connu dans le monde entier ?**

❍ **a.** Ses peintures aux couleurs vives très contrastées
❍ **b.** Son usage des reflets de la couleur noire, qu'il appelle « noir-lumière » ou « outrenoir »
❍ **c.** Ses peintures toujours monumentales
❍ **d.** Les différentes nuances de gris qu'il apporte dans ses œuvres

48 **Qui est, en 2023, le président de France Télévisions ?**

❍ **a.** Jean-Luc Lagardère
❍ **b.** Arnaud Lagardère
❍ **c.** Marc Tessier
❍ **d.** Delphine Ernotte

49 **En 2022, les voleurs de la porte dérobée derrière le Bataclan en janvier 2019 et retrouvée en Italie en juin 2020 ont été retrouvés et condamnés. Comment s'appelle-t-elle et à quel artiste est-elle attribuée ?**

❍ **a.** *La Paix* attribuée à Thoma Vuille
❍ **b.** *Love* attribuée à JR
❍ **c.** *Life* attribuée à Miss. Tic
❍ **d.** *La Jeune Fille triste* attribuée à Banksy

50 **Quelle est la signification de l'indicateur R0 utilisé dans le cas des maladies contagieuses ?**

❍ **a.** Taux de reproduction effectif
❍ **b.** Taux de reconstitution estimé
❍ **c.** Taux de retraitement constaté
❍ **d.** Taux de reconstitution anticipé

51 **À partir de quel seuil l'indicateur R0 atteint-il le seuil d'alerte ?**

❍ **a.** 0,5 ❍ **b.** 1 ❍ **c.** 1,5 ❍ **d.** 2

PARTIE 4

52 **Quel est le nom de la mission spatiale de la NASA engagée en septembre 2022 en direction de la Lune ?**

❍ **a.** Lunis I
❍ **b.** Artemis I
❍ **c.** Discovery I
❍ **d.** Infinity I

53 **Quel acteur a obtenu l'Oscar 2023 à l'occasion de la 95e cérémonie des Oscars à Hollywood ?**

❍ **a.** Austin Butler pour *Elvis*
❍ **b.** Brendan Fraser pour *The Whale*
❍ **c.** Colin Farrell pour *Les Banshees d'Inisherin*
❍ **d.** Paul Mescal pour *Aftersun*

54 **Quelle actrice a obtenu l'Oscar 2023 à l'occasion de la 95e cérémonie des Oscars à Hollywood ?**

❍ **a.** Ana de Armas pour *Blonde*
❍ **b.** Andrea Riseborough pour *To Leslie*
❍ **c.** Michelle Yeoh pour *Everything Everywhere All at Once*
❍ **d.** Michelle Williams pour *The Fabelmans*

55 **Quel film a obtenu l'Oscar 2023 du meilleur film à l'occasion de la 95e cérémonie des Oscars à Hollywood ?**

❍ **a.** *À l'Ouest Rien de nouveau*
❍ **b.** *Everything Everywhere All at Once*
❍ **c.** *Sans filtre (Triangle of Sadness)*
❍ **d.** *Tár*

56 **Le titre de Miss Univers 2023 a été décerné à :**

❍ **a.** La représentante nicaraguayenne
❍ **b.** La représentante brésilienne
❍ **c.** La représentante chinoise
❍ **d.** La représentante syrienne

57 **Depuis quelques années, la France s'engage à financer la recherche sur un nouveau type de centrales nucléaires, les SMR. Quelle est la signification de cet acronyme ?**

❍ **a.** Smart Modular Reactor
❍ **b.** Small Modular Reactor
❍ **c.** System of Milled Reactor
❍ **d.** Size Medium Reactor

58 En 2023, qui est le président de l'ARCOM, qui succède en partie au Conseil supérieur de l'audiovisuel ?

❍ **a.** Olivier Schrameck
❍ **b.** Delphine Ernotte
❍ **c.** Bénédicte Lesage
❍ **d.** Franck Riester

59 En 2023 est commémoré le 400e anniversaire de la naissance d'un grand penseur français. De qui s'agit-il ?

❍ **a.** René Descartes
❍ **b.** Montesquieu
❍ **c.** Blaise Pascal
❍ **d.** Denis Diderot

60 En date du mois d'août 2022, l'OMS annonce qu'environ 7 millions de personnes sont mortes de la Covid-19. Qu'est-ce que la Covid-19 ?

❍ **a.** Une bactérie
❍ **b.** Un virus
❍ **c.** Un champignon
❍ **d.** Un protozoaire

61 Quel est le nom de la centrale nucléaire située en Ukraine et qui a été le lieu de conflits militaires, depuis l'été 2022, avec la Russie ?

❍ **a.** Zaporijjia ❍ **b.** Tchernobyl
❍ **c.** Konstantinovka ❍ **d.** Rovno

62 En 2023, quel est le taux de départ en vacances des Français ?

❍ **a.** 46 % ❍ **b.** 52 %
❍ **c.** 58 % ❍ **d.** 66 %

63 Depuis quelques années, en France, comme dans de nombreux pays, durant les mois d'été, les réserves de sang viennent à manquer. À l'échelle mondiale, quel est le groupe sanguin le plus fréquent ?

❍ **a.** O ❍ **b.** A ❍ **c.** B ❍ **d.** AB

64 **Début 2022, une première en matière de greffe d'organe sur un humain a eu lieu aux États-Unis. En quoi consiste cette greffe ?**

❍ **a.** Greffe d'un cœur de porc
❍ **b.** Greffe d'un poumon de porc
❍ **c.** Greffe d'un cœur de chimpanzé
❍ **d.** Greffe d'un foie de veau

65 **En 2023, quel est le câble sous-marin de communication le plus long du monde ?**

❍ **a.** Europe, Moyen-Orient, Afrique
❍ **b.** Afrique, Australie
❍ **c.** Amérique du Nord, Amérique du Sud
❍ **d.** Australie, États-Unis (Californie)

66 **Quel est le nom de la nouvelle compagnie aérienne norvégienne qui, à partir de mars 2023, intervient entre l'Europe et les États-Unis ?**

❍ **a.** Atlantic Ocean
❍ **b.** Norse
❍ **c.** North
❍ **d.** Pan American

67 **Quel film a remporté le César du meilleur film à l'occasion de la cérémonie des César 2023 ?**

❍ **a.** *En corps* réalisé par Cédric Klapisch
❍ **b.** *La Nuit du 12* réalisé par Dominik Moll
❍ **c.** *Les Amandiers* réalisé par Valeria Bruni-Tedeschi
❍ **d.** *L'Innocent* réalisé par Louis Garrel

68 **Qui a reçu César de la meilleure actrice à l'occasion de la cérémonie des César 2023 ?**

❍ **a.** Fanny Ardant dans *Les Jeunes Amants*
❍ **b.** Juliette Binoche dans *Ouistreham*
❍ **c.** Virginie Efira dans *Revoir Paris*
❍ **d.** Adèle Exarchopoulos dans *Rien à foutre*

69 Qui a reçu César du meilleur acteur à l'occasion de la cérémonie des César 2023 ?

❍ **a.** Louis Garrel dans *L'Innocent*
❍ **b.** Vincent Macaigne dans *Chronique d'une liaison passagère*
❍ **c.** Benoît Magimel dans *Pacifiction - Tourment sur les îles*
❍ **d.** Denis Ménochet dans *Peter von Kant*

70 Qui a obtenu le prix Goncourt 2023 ?

❍ **a.** Giuliano da Empoli pour *Le Mage du Kremlin*
❍ **b.** Jean-Baptiste Andrea pour *Veiller sur elle*
❍ **c.** Cloé Korman pour *Les presque sœurs*
❍ **d.** Makenzy Orcel pour *Une somme humaine*

71 Quel prénom, refusé par l'état civil américain, Elon Musk voulait-il donner à son fils ?

❍ **a.** Space XY ❍ **b.** X Æ A-12 ❍ **c.** E.T. ❍ **d.** Asteroid

72 L'intensification de la crise climatique ces dernières années conduit à mettre en place des dispositifs particuliers, dont les filières à responsabilités élargie des producteurs (REP). Que sont les REP ?

❍ **a.** Un ensemble de dispositifs conduisant à la labellisation bio des produits
❍ **b.** Un ensemble de dispositifs laissant une part accrue aux salariés à la prise de décision au sein de l'entreprise
❍ **c.** Un ensemble de dispositifs d'organisation de la prévention et de la gestion des déchets
❍ **d.** Un ensemble de dispositifs visant à assurer une parfaite traçabilité des produits utilisés dans la production

73 Pour 2025 est prévue la réouverture de Notre-Dame de Paris dont, la flèche s'était effondrée lors d'un gigantesque incendie en 2019. De quelle époque datait cette flèche ?

❍ **a.** Du XIIIe siècle
❍ **b.** Du XIXe siècle
❍ **c.** De la Révolution française
❍ **d.** Du premier septennat de François Mitterrand

PARTIE 4

74 Quel acteur a remporté le Golden Globes 2023 ?

❍ **a.** Austin Butler pour *Elvis*
❍ **b.** Brendan Fraser pour *The Whale*
❍ **c.** Bill Nighy pour *Vivre*
❍ **d.** Jeremy Pope pour *The Inspection*

75 Quelle actrice a remporté le Golden Globes 2023 ?

❍ **a.** Cate Blanchett pour *Tár*
❍ **b.** Viola Davis pour *The Woman King*
❍ **c.** Ana de Armas pour *Blonde*
❍ **d.** Michelle Williams pour *The Fabelmans*

76 Quel film a remporté le Golden Globes du meilleur film 2023 ?

❍ **a.** *Avatar : La Voie de l'eau*
❍ **b.** *Elvis*
❍ **c.** *The Fabelmans*
❍ **d.** *Top Gun : Maverick*

77 Qui est, en 2023, la personnalité masculine préférée des Français ?

❍ **a.** Jean-Jacques Goldman
❍ **b.** Kylian Mbappé
❍ **c.** Thomas Pesquet
❍ **d.** Omar Sy

78 Quelle ville décroche, en 2022, le prix de capitale européenne de l'innovation ?

❍ **a.** Edimbourg ❍ **b.** Barcelone
❍ **c.** Toulouse ❍ **d.** Haarlem

79 Qui a obtenu le prix Nobel de littérature 2023 ?

❍ **a.** Jon Fosse
❍ **b.** Kathryn Stockett
❍ **c.** Annie Ernaux
❍ **d.** Elena Ferrante

80 Quel est, en 2023, le moteur de recherche le plus utilisé au monde ?

❍ **a.** Google ❍ **b.** Baidu
❍ **c.** Alibaba ❍ **d.** Quant

81 En 2023, la Fondation Nobel a attribué un Prix Nobel à deux Français. Dans quelle discipline ?

❍ **a.** Chimie ❍ **b.** Physique
❍ **c.** Médecine ❍ **d.** Littérature

82 Quel tableau, vendu aux enchères en mai 2022, est devenu le tableau le plus cher du XXe siècle ?

❍ **a.** *Shot Sage Blue Marilyn*, de Andy Warhol
❍ **b.** *Les Meules*, de Claude Monet
❍ **c.** *Nu couché*, d'Amadeo Modigliani
❍ **d.** *Le Cri* d'Edvard Munch

83 Quel chef a été élu Meilleur chef du monde 2023 par le Chefs World Summit ?

❍ **a.** Michel Troisgros
❍ **b.** Marc Veyrat
❍ **c.** Björn Frantzén
❍ **d.** Virgilio Martinez

84 Quel est le nom de l'entreprise californienne qui a créé le ChatGPT ?

❍ **a.** Google ❍ **b.** Meta
❍ **c.** Microsoft ❍ **d.** OpenAI

85 Régulièrement durant les hivers, sur les plages atlantiques françaises s'échouent de très importantes quantités de billes de plastique. Comment les nomme-t-on ?

❍ **a.** Cristal des abysses
❍ **b.** Larmes de sirène
❍ **c.** Diamants opaques
❍ **d.** Perles de mer

86 **Quel artiste masculin a été récompensé aux Victoires de la musique 2023 ?**

❍ **a.** Stromae ❍ **b.** Terrenoire
❍ **c.** Lomepal ❍ **d.** Vianney

87 **Quelle artiste féminine a été récompensée aux Victoires de la musique 2023 ?**

❍ **a.** Clara Luciani ❍ **b.** Angèle
❍ **c.** Barbara Pravi ❍ **d.** Suzane

88 **Début 2023, quel est le nombre de personnes vivant avec le VIH dans le monde ?**

❍ **a.** 15 millions ❍ **b.** 22 millions
❍ **c.** 30 millions ❍ **d.** 38 millions

89 **Depuis le début de l'épidémie, combien de personnes ont-elles été affecté par le VIH dans le monde ?**

❍ **a.** 35 millions ❍ **b.** 46 millions
❍ **c.** 53 millions ❍ **d.** 76 millions

90 **Début 2023, quelle est la part des personnes bénéficiant d'une thérapie antirétrovirale contre le VIH ?**

❍ **a.** 20 % ❍ **b.** 39 % ❍ **c.** 52 % ❍ **d.** 66 %

91 **Quel est le nombre approximatif de nouveaux cas de tuberculose estimés dans le monde en 2022 ?**

❍ **a.** 2 millions ❍ **b.** 4 millions
❍ **c.** 7 millions ❍ **d.** 10 millions

92 **En 2020 est lancé l'essai clinique international par l'Organisation mondiale de la Santé et ses partenaires dans le but de trouver un traitement efficace de la Covid-19. En 2022, les experts estimaient que ce programme n'a pas eu l'efficacité attendue.**
Comment se nomme-t-il ?

❍ **a.** Solidarity ❍ **b.** Discovery
❍ **c.** Recovery ❍ **d.** Hycovid

93 Pour lutter contre quelle maladie l'hydroxychloroquine, médicament qui fait polémique dans le traitement de la Covid-19, mais dont l'efficacité a été contestée fortement en 2022, a-t-elle été développée très largement depuis l'entre-deux-guerres ?

❍ **a.** La tuberculose ❍ **b.** Les infections respiratoires
❍ **c.** L'obésité ❍ **d.** Le paludisme

94 Selon l'UNESCO, quel est le nombre d'espèces menacées d'extinction dans le monde en 2023 ?

❍ **a.** 300 000 ❍ **b.** 500 000
❍ **c.** 750 000 ❍ **d.** 1 000 000

95 En 2023 est commémoré le 150e anniversaire de la naissance d'une écrivaine française importante. Qui est-ce ?

❍ **a.** Colette
❍ **b.** Madame de Sévigné
❍ **c.** Olympes de Gouges
❍ **d.** George Sand

96 En 2023, comment se nomme le lanceur chinois capable de mettre en orbite les charges les plus lourdes ?

❍ **a.** Grand bond en avant ❍ **b.** Longue marche
❍ **c.** Route du ciel ❍ **d.** Éternité

97 La start-up américaine Virgin Hyperloop a procédé en novembre 2020 à un premier test essentiel, abandonné en 2022. Quel est ce projet ?

❍ **a.** L'utilisation d'une bombe nucléaire d'1 cm^3
❍ **b.** La télétransportation d'un objet sur une distance de 1 000 km
❍ **c.** Le tir d'un satellite à partir d'un avion
❍ **d.** Le transport de passagers à bord d'un train supersonique

98 En 2021, Thomas Pesquet a effectué son deuxième séjour dans la Station spatiale internationale ISS. Depuis quand est-elle habitée en permanence ?

❍ **a.** 1995 ❍ **b.** 2000 ❍ **c.** 2005 ❍ **d.** 2010

99 Comment ont évolué les émissions de CO_2 issues de l'énergie au niveau mondial en 2022 ?

❍ **a.** Baisse de 1 %
❍ **b.** Stabilité
❍ **c.** Hausse de 0,9 %
❍ **d.** Hausse de 1,5 %

100 Dans une lettre ouverte publiée en mars 2023, plus de 1 000 experts de la tech et de la recherche, dont Elon Musk et le co-fondateur d'Apple Steve Wozniak, mettent en garde contre les « risques majeurs » que l'intelligence artificielle (IA) fait encourir à l'humanité. Que préconisent-ils ?

❍ **a.** L'interdiction du stockage des données personnelles au-delà d'une période de 6 mois
❍ **b.** La suspension de toute recherche sur l'IA dans le domaine de la communication et des médias
❍ **c.** L'interdiction du stockage des données personnelles et des consultations de sites sur internet au-delà d'une période de 2 ans
❍ **d.** La suspension de la recherche sur l'IA pour une période de six mois et la mise en place de normes de sécurité

101 Selon une étude Goldman Sachs de mars 2023, combien d'emplois pourraient être touchés ou remplacés dans le monde par les IA génératives ?

❍ **a.** 30 millions
❍ **b.** 90 millions
❍ **c.** 150 millions
❍ **d.** 300 millions

102 En 2022 avait lieu le bicentenaire de Champollion. Que célébrait-t-on précisément ?

❍ **a.** Le bicentenaire de sa naissance
❍ **b.** Le bicentenaire du déchiffrement des hiéroglyphes
❍ **c.** Le bicentenaire de sa mort
❍ **d.** Le bicentenaire du transport de l'obélisque de la Concorde offert à la France par le vice-roi d'Égypte après le déchiffrement des hiéroglyphes par Champollion

103 Comment se nomme la personne qui préside le nouveau comité d'anticipation des risques sanitaires ?

❍ **a.** Jean-François Delfraissy ❍ **b.** Martin Hirsch
❍ **c.** François Braun ❍ **d.** Brigitte Autran

104 En 2022, Mark Zuckerberg et Adam Mosseri ont annoncé l'arrivée des NFT sur Instagram. Qu'appelle-t-on des NFT ou *non-fungible tokens* (jetons non fongibles) ?

❍ **a.** Il s'agit d'objets numériques
❍ **b.** Il s'agit de titres de propriété d'objets virtuels
❍ **c.** Il s'agit de cryptomonnaies
❍ **d.** Il s'agit de nouveaux calculateurs à haute performance

105 Selon une étude Goldman Sachs de mars 2023, quels sont les emplois qui seront les plus affectés par les IA génératives ?

❍ **a.** Les emplois de bureau et de soutien administratif
❍ **b.** Les emplois juridiques
❍ **c.** Le secteur des sciences de la vie, physiques et sociales
❍ **d.** Les tâches d'architecture et d'ingénierie

106 Quel est, à Paris, en 2023, le nombre de mètres carrés d'espace vert par habitant (hors bois de Boulogne et bois de Vincennes) ?

❍ **a.** 1,8 m^2 ❍ **b.** 3,2 m^2 ❍ **c.** 7,9 m^2 ❍ **d.**14,8 m^2

107 Au niveau mondial, en 2022, que représente le gaspillage alimentaire, en % de la production totale ?

❍ **a.** 6 % ❍ **b.** 12 % ❍ **c.** 17 % ❍ **d.** 22 %

108 En juin 2023, un programme de lanceurs, fleuron de l'industrie spatiale européenne depuis 1997, a été arrêté. De quel programme s'agit-il ?

❍ **a.** Ariane 4 ❍ **b.** Ariane 5
❍ **c.** Galileo ❍ **d.** JUICE

109 **En janvier 2022 est mort l'acteur Gaspard Ulliel. À 21 ans, en 2005, il obtient le César du meilleur espoir masculin. Pour son rôle dans quel film ?**

❍ **a.** *Juste la fin du monde*
❍ **b.** *Un barrage contre le Pacifique*
❍ **c.** *Un long dimanche de fiançailles*
❍ **d.** *L'Art d'aimer*

110 **Quelle est, en capacité d'accueil, la plus grande mosquée au monde actuellement ?**

❍ **a.** La mosquée Imambara Bara à Lucknow en Inde
❍ **b.** La mosquée du Prophète à Mèdine en Arabie saoudite
❍ **c.** La mosquée Istiqlal à Jakarta en Indonésie
❍ **d.** La mosquée al-Harâm à La Mecque en Arabie saoudite

111 **Quelle est, en capacité d'accueil, la plus grande mosquée d'Afrique actuellement ?**

❍ **a.** La Grande mosquée de Conakry
❍ **b.** La mosquée Hassan II à Casablanca
❍ **c.** La Grande mosquée d'Alger
❍ **d.** La mosquée Al-Azhar au Caire

112 **Quelle est, en Inde en 2023, la part de la population qui est musulmane ?**

❍ **a.** 5 % ❍ **b.** 10 % ❍ **c.** 15 % ❍ **d.** 25 %

113 **Quelle est, aux États-Unis, en 2023, la première religion pratiquée ?**

❍ **a.** La religion juive
❍ **b.** Le protestantisme des églises évangéliques
❍ **c.** Le catholicisme
❍ **d.** Le protestantisme des églises libérales

114 **Quelle est, au Royaume-Uni, en 2023, la première religion pratiquée ?**

❍ **a.** La religion juive ❍ **b.** Le protestantisme anglican
❍ **c.** L'islam ❍ **d.** Le protestantisme des églises libérales

115 Courant 2022, une nouvelle épidémie aux symptômes cutanés, jusqu'alors strictement localisée en Afrique, s'est répandue dans le monde et a frappé la France. Laquelle ?

❍ **a.** La varicelle du singe
❍ **b.** La variole du singe
❍ **c.** La virose du singe
❍ **d.** Le variant du singe

116 Chaque année, le GIEC publie un rapport très observé. Qu'est-ce que le GIEC ?

❍ **a.** International Group of Experts on Climate (Groupe d'Experts Intergouvernemental sur l'Évolution du Climat)
❍ **b.** Governmental and International Experts Commission (Groupe d'Experts Intergouvernemental sur l'Evolution du Climat)
❍ **c.** Intergovernmental Panel on Climate Change (Groupe d'Experts Intergouvernemental sur l'Évolution du Climat)
❍ **d.** Group of International Experts on Climate (Groupe d'Experts Intergouvernemental sur l'Évolution du Climat)

117 Dans une étude spécialisée de 2022 du GIEC, les experts du climat montrent que l'océan joue un rôle clé en fournissant une part non négligeable de l'oxygène atmosphérique. Quelle est cette part ?

❍ **a.** 25 %
❍ **b.** 35 %
❍ **c.** 50 %
❍ **d.** 65 %

118 Régulièrement, des tremblements de terre frappent la France. Quelle est la zone géographique la plus fragile en France métropolitaine ?

❍ **a.** Le fossé rhénan
❍ **b.** Le Massif pyrénéen
❍ **c.** La Bretagne
❍ **d.** La région Provence-Alpes-Côte d'Azur

119 **En 2022 était célébré le bicentenaire de la naissance d'un grand scientifique connu pour ses travaux pionniers en matière de microbiologie. De qui s'agit-il ?**

❍ **a.** Adrien Dollfus
❍ **b.** Louis Pasteur
❍ **c.** Charles Darwin
❍ **d.** Robert Koch

120 **La France possède son propre superordinateur dédié à l'intelligence artificielle et capable de concurrencer ceux d'autres grandes puissances. Comment se nomme-t-il ?**

❍ **a.** Marie Curie
❍ **b.** René Descartes
❍ **c.** Jean Zay
❍ **d.** Blaise Pascal

121 **En 2023 est commémoré le tricentenaire de la naissance d'un important économiste anglais. Qui est-ce ?**

❍ **a.** Thomas Malthus
❍ **b.** David Ricardo
❍ **c.** John Stuart Mill
❍ **d.** Adam Smith

122 **Selon le FMI, début 2023, 75 % de la population des pays avancés a été vaccinée contre la Covid-19. Quelle est la part de la population des pays en développement à faible revenu ?**

❍ **a.** 8 % ❍ **b.** 18 % ❍ **c.** 28 % ❍ **d.** 38 %

123 **Quel est, en 2023, le premier vendeur de véhicules électriques et hybrides au monde ?**

❍ **a.** BYD
❍ **b.** General Motors
❍ **c.** Tesla
❍ **d.** Volkswagen

124 En janvier 2022, Microsoft fait l'acquisition d'un studio de jeux vidéo important pour la somme de près de 60 milliards d'euros. Lequel ?

❍ **a.** Minecraft
❍ **b.** Zenimax
❍ **c.** Activision Blizzard
❍ **d.** Ubisoft

125 À la cérémonie des Oscars en mars 2022, un acteur est monté sur scène pour gifler un humoriste présentateur. Qui est cet acteur ?

❍ **a.** Will Smith
❍ **b.** Chris Rock
❍ **c.** Wesley Snipes
❍ **d.** Clint Eastwood

126 En 2023, quelle est l'université française la mieux classée dans le classement de Shanghai des meilleures universités du monde ?

❍ **a.** Paris 1 Panthéon-Sorbonne
❍ **b.** Paris-Saclay
❍ **c.** La Sorbonne
❍ **d.** Toulouse 1 Capitole

127 À l'occasion de la crise de la Covid-19, le terme de « *hikikomori* » est apparu. Que désigne ce terme ?

❍ **a.** Un mouvement de contestation des structures familiales
❍ **b.** Des jeux vidéo en réalité augmentée
❍ **c.** Un courant du cinéma d'animation japonais fondé sur la science-fiction
❍ **d.** Un état psychosocial et familial concernant principalement des hommes qui vivent coupés du monde et des autres

128 Quelle est la cause importante choisie pour la Décennie des Nations unies 2018-2028 dans le cadre de l'UNESCO ?

❍ **a.** La sécurité routière
❍ **b.** L'éradication des épidémies
❍ **c.** L'eau et le développement durable
❍ **d.** L'alphabétisation

129 Selon une étude de l'OCDE de 2023, quelle est la part des emplois susceptibles d'être transformés radicalement par l'intelligence artificielle à un horizon de vingt ans ?

❍ **a.** 8 % ❍ **b.** 16 % ❍ **c.** 33 % ❍ **d.** 44 %

130 En 2023, à quel groupe de médias appartient la chaîne de télévision Arte ?

❍ **a.** TF1
❍ **b.** France Télévisions
❍ **c.** Groupe Métropole Télévision
❍ **d.** Groupe Amaury

131 En 2023 est commémoré le 100e anniversaire de la mort d'un grand ingénieur français. De qui s'agit-il ?

❍ **a.** Gustave Eiffel
❍ **b.** Louis Blériot
❍ **c.** Augustin Fresnel
❍ **d.** Clément Ader

132 En 2023, l'ADEME a publié une note sur la pollution liée au numérique. Combien de fois son poids en matières premières est-il nécessaire pour produire un smartphone ?

❍ **a.** 10 fois ❍ **b.** 50 fois ❍ **c.** 200 fois ❍ **d.** 500 fois

133 L'acteur Jean-Louis Trintignant est décédé en juin 2022. Dans quel film n'a-t-il pas joué ?

❍ **a.** *Et Dieu… créa la femme*
❍ **b.** *La Piscine*
❍ **c.** *Z*
❍ **d.** *Le Désert des Tartares*

134 Combien de morts causerait la pollution de l'air à Paris par an selon l'étude publiée en 2023 par le *Lancet Planetary Health Journal* ?

❍ **a.** 1 600 ❍ **b.** 3 400 ❍ **c.** 5 400 ❍ **d.** 7 800

135 La loi Climat et Résilience du 22 août 2021 ouvre, en 2023, un important débat sur les ZAN. Quelle est la signification de cet acronyme ?

❍ **a.** Zéro activité nucléaire
❍ **b.** Zéro artificialisation nette
❍ **c.** Zone agricole neutre
❍ **d.** Zone d'activités normées

136 En 2023 est commémoré le 150e anniversaire de la mort de Molière. Quelle œuvre n'a-t-il pas écrite ?

❍ **a.** *Les Précieuses ridicules*
❍ **b.** *Le Misanthrope*
❍ **c.** *Le Cid*
❍ **d.** *L'Avare*

137 Quel pays a réalisé en août 2023 une première spatiale en posant une sonde sur le pôle Sud de la Lune ?

❍ **a.** La Chine
❍ **b.** Les Émirats arabes unis
❍ **c.** Les États-Unis
❍ **d.** L'Inde

138 Quel est, en 2023, le principal producteur d'huile de palme au monde, avec près de 50 % de la production totale ?

❍ **a.** La Malaisie
❍ **b.** L'Indonésie
❍ **c.** La Côte d'Ivoire
❍ **d.** Le Brésil

139 Chaque année se tient au mois d'août à Jackson Hole dans l'État du Wyoming aux États-Unis un important symposium. Qui rassemble-t-il ?

❍ **a.** Les dirigeants des principales banques centrales du monde
❍ **b.** Les prix Nobel décernés l'année précédente
❍ **c.** Les cinquante plus grandes fortunes des États-Unis
❍ **d.** Les grands patrons des médias américains

140 **Quel est, en 2023, le premier groupe dans le secteur de l'édition en France ?**

❍ **a.** Lagardère
❍ **b.** Hachette
❍ **c.** Vivendi
❍ **d.** Albin Michel

141 **Début janvier 2022 est décédé le premier comédien noir à recevoir l'Oscar du meilleur acteur aux États-Unis, en 1964. De qui s'agit-il ?**

❍ **a.** Zoltan Korda
❍ **b.** Paul Robeson
❍ **c.** Richard Pryor
❍ **d.** Sidney Poitier

142 **Quelle est la signification du concept d'« eau virtuelle » ?**

❍ **a.** Il s'agit d'eau sous une forme non liquide
❍ **b.** Il s'agit de l'ensemble des consommations d'eau potentiellement perdue dans la nature en raison de fuites dans les canalisations
❍ **c.** Il s'agit de l'eau utilisée pour produire des biens exportables dans un endroit et consommée « virtuellement » dans un autre espace
❍ **d.** Il s'agit de l'eau contenue dans les nappes phréatiques inaccessibles par les techniques actuelles

143 **En 2023, combien y a-t-il de réacteurs nucléaires en service en France ?**

❍ **a.** 25 ❍ **b.** 56 ❍ **c.** 72 ❍ **d.** 84

144 **En 2023, combien y a-t-il de réacteurs nucléaires en construction en France ?**

❍ **a.** 1 ❍ **b.** 3 ❍ **c.** 6 ❍ **d.** 8

145 **Quel pays dans le monde détient, en 2023, le plus grand nombre de réacteurs nucléaires en activité ?**

❍ **a.** La Chine
❍ **b.** Les États-Unis
❍ **c.** La France
❍ **d.** La Russie

146 **En 2023, E. Macron annonce souhaiter relancer le nucléaire en France. Combien de réacteurs de type EPR seront mis en chantier ?**

❍ **a.** 4 ❍ **b.** 6
❍ **c.** 10 ❍ **d.** 12

147 **Le plan France 2030, lancé en décembre 2021, a pour ambition de faire de la France un leader dans le domaine de l'hydrogène vert. À partir de quelle énergie est majoritairement produit l'hydrogène ?**

❍ **a.** Le méthane et le charbon ❍ **b.** Le nucléaire
❍ **c.** Le solaire ❍ **d.** Les biocarburants

148 **En 2023, combien y a-t-il de réserves naturelles en France ?**

❍ **a.** 120 ❍ **b.** 260 ❍ **c.** 350 ❍ **d.** 510

149 **Où se trouvent essentiellement les réserves naturelles en France en 2023 ?**

❍ **a.** Dans les DOM-TOM
❍ **b.** En Corse
❍ **c.** Dans la région PACA
❍ **d.** Dans la région Rhône-Alpes

150 **Où est, en 2023, la plus grande réserve naturelle au monde ?**

❍ **a.** En Australie ❍ **b.** Aux États-Unis
❍ **c.** En Chine ❍ **d.** En Afrique australe

151 **En 2022, la NASA a annoncé mettre fin au programme de l'ISS. Quelle date a été retenue ?**

❍ **a.** 2025 ❍ **b.** 2028
❍ **c.** 2031 ❍ **d.** 2037

152 **En moyenne, combien faut-il de litres d'eau pour produire 1 kg de steak de bœuf ?**

❍ **a.** 1 000 ❍ **b.** 3 000
❍ **c.** 6 000 ❍ **d.** 15 000

153 **Quelle est, en 2023, la part de l'agriculture dans l'utilisation de l'eau dans le monde ?**

❍ **a.** 20 % ❍ **b.** 35 % ❍ **c.** 50 % ❍ **d.** 70 %

154 **En moyenne, en 2023, combien un Français consomme-t-il de litres d'eau par jour ?**

❍ **a.** 40 ❍ **b.** 80 ❍ **c.** 150 ❍ **d.** 260

155 **Quelle est la quantité d'eau approximative nécessaire utilisée tout au long du processus de la production jusqu'au consommateur pour produire un hamburger ?**

❍ **a.** 100 litres
❍ **b.** 500 litres
❍ **c.** 1 200 litres
❍ **d.** 2 800 litres

156 **De la même manière, quelle est la quantité d'eau approximative nécessaire pour produire une chemise en coton ?**

❍ **a.** 800 litres
❍ **b.** 1 500 litres
❍ **c.** 2 500 litres
❍ **d.** 3 600 litres

157 **En avril 2023, l'ESA a lancé une mission visant à explorer les lunes glacées de Jupiter. Comment se nomme cette mission ?**

❍ **a.** JUNO
❍ **b.** JUMPY
❍ **c.** JUICE
❍ **d.** JUST

158 **En 2023, qui était président du jury du prix Goncourt ?**

❍ **a.** Françoise Chandernagor
❍ **b.** Tahar Ben Jelloun
❍ **c.** Didier Decoin
❍ **d.** Éric-Emmanuel Schmitt

159 Quel pays dispose des plus importantes réserves de lithium au monde en 2023?

❍ **a.** L'Australie
❍ **b.** La Bolivie
❍ **c.** La Chine
❍ **d.** Les États-Unis

160 Quel est le premier producteur de lithium au monde en 2023?

❍ **a.** L'Australie
❍ **b.** La Bolivie
❍ **c.** Le Chili
❍ **d.** La Chine

161 Chaque année, à la fin de l'été et au courant de l'automne, le sud de la France connaît des inondations importantes. Comment se nomme ce phénomène météorologique ?

❍ **a.** L'épisode cévenol
❍ **b.** El Niño
❍ **c.** L'épisode méditerranéen
❍ **d.** Le front des Maures

162 Le 1er janvier 2022, le CSA (Conseil supérieur de l'audiovisuel) et HADOPI ont disparu. Quelle entité les remplace ?

❍ **a.** L'Autorité de régulation de la communication audiovisuelle et numérique
❍ **b.** L'Agence pour l'audiovisuel
❍ **c.** L'Autorité supérieure de l'audiovisuel
❍ **d.** L'Agence de régulation de l'audiovisuel

163 Qui est le patron d'Open AI, la maison mère de ChatGPT ?

❍ **a.** Sam Altman
❍ **b.** Steve Jobs
❍ **c.** Dara Khosrowshahi
❍ **d.** Elon Musk

164 Début 2023, combien de personnes vivent avec le VIH ?

❍ **a.** 22 millions
❍ **b.** 34 millions
❍ **c.** 41 millions
❍ **d.** 58 millions

165 Quel secteur d'activité émet le plus de gaz à effet de serre en France en 2023 ?

❍ **a.** L'agriculture
❍ **b.** Les transports
❍ **c.** L'industrie manufacturière
❍ **d.** Le résidentiel et le tertiaire

PARTIE 4

166 **Quel est, en 2023, le premier fabricant mondial de batteries électriques pour automobiles ?**

❍ **a.** CATL
❍ **b.** LG
❍ **c.** Panasonic
❍ **d.** Samsung

167 **Qui a obtenu le prix Nobel d'économie en 2023 ?**

❍ **a.** David Card, Joshua Angrist et Guido Imbens
❍ **b.** Paul Milgrom et Robert Wilson
❍ **c.** Claudia Goldin
❍ **d.** Esther Duflo, Abhijit Banerjee et Michael Kremer

168 **En mai 2022 s'est tenue la COP15 contre la désertification. Où s'est-elle tenue ?**

❍ **a.** Abidjan
❍ **b.** Addis-Abeba
❍ **c.** Ouagadougou
❍ **d.** Bujumbura

169 **Que désigne-t-on par K-pop ?**

❍ **a.** Un mouvement littéraire populaire américain
❍ **b.** Un genre graphique militant de Corée du Nord
❍ **c.** Un style de peinture abstrait
❍ **d.** Un genre musical de Corée du Sud

170 **Que désigne le mouvement Kawaii au Japon ?**

❍ **a.** Un style japonais qui traduit qu'un objet ou une personne est « mignon »
❍ **b.** Un mouvement au sein des mangas japonais qui traduit la violence des individus
❍ **c.** Un style musical destiné aux très jeunes japonais
❍ **d.** Un type de films décrivant la violence des relations familiales

171 **En 2023, quel est le pays qui dispose des quantités de gaz prouvées les plus importantes au monde ?**

❍ **a.** L'Iran
❍ **b.** La Russie
❍ **c.** Le Qatar
❍ **d.** Les États-Unis

172 Selon une étude du centre australien de recherche en matière technologique ASPI, combien de domaines technologiques critiques et émergents la Chine domine-t-elle début 2023 ?

❍ **a.** 17 sur 44 ❍ **b.** 21 sur 44
❍ **c.** 29 sur 44 ❍ **d.** 37 sur 44

173 En 2023, le gouvernement français annonce le lancement d'une campagne de vaccination « généralisée » dans les collèges pour éradiquer le papillomavirus. Qu'est-ce que le papillomavirus ?

❍ **a.** Un virus pouvant causer des troubles majeurs du métabolisme à long terme
❍ **b.** Un virus pouvant causer des cancers du foie et du pancréas
❍ **c.** Un virus pouvant accélérer rapidement des troubles cognitifs
❍ **d.** Un virus pouvant causer, à très long terme, un cancer du col de l'utérus

174 Quelle est la première source d'électricité dans le monde en 2023 ?

❍ **a.** Le charbon
❍ **b.** Le gaz
❍ **c.** L'hydroélectrique
❍ **d.** Le nucléaire

175 En 1998, la part du nucléaire dans la production électrique mondiale était de 17,5 %. Quelle est cette part début 2023 ?

❍ **a.** 9,8 % ❍ **b.** 13,4 % ❍ **c.** 18,8 % ❍ **d.** 26,4 %

176 En février 2023, Mark Zuckerberg, le dirigeant du groupe américain Meta, la maison mère de Facebook et d'Instagram, annonce le lancement d'un service payant pour authentifier son compte sur ces deux réseaux sociaux. Quel est le montant de service ?

❍ **a.** 7,99 dollars par mois
❍ **b.** 11,99 dollars par mois
❍ **c.** 16,99 dollars par mois
❍ **d.** 25,99 dollars par mois

177 **La forêt absorbe une partie importante des gaz à effet de serre. Quel pays détient, en 2023, la plus grande superficie de forêt dans le monde ?**

❍ **a.** Le Brésil ❍ **b.** La Chine
❍ **c.** Les États-Unis ❍ **d.** La Russie

178 **En 2023, quelle est la part du charbon dans le mix énergétique de l'Union européenne ?**

❍ **a.** 8 % ❍ **b.** 15 %
❍ **c.** 21 % ❍ **d.** 32 %

179 **En France, l'Autorité de régulation des communications électroniques, des postes et de la distribution de la presse (ARCEP) est, entre autres, chargée de réguler les communications électroniques. Dans ce cadre, elle a publié en août 2022 une étude assez critique sur les « zones blanches » dans l'émission des fréquences pour la téléphonie. Qu'est-ce qu'une « zone blanche » ?**

❍ **a.** Une zone qui n'est couverte par aucun opérateur mobile
❍ **b.** Une bande de fréquences situées dans des canaux inutilisés entre les couches de radiodiffusion
❍ **c.** Une zone desservie par un seul opérateur
❍ **d.** Une zone au sein de laquelle les équipements sont trop éloignés pour fournir une qualité de service convenable

180 **Comment se nomme la mission réalisée en septembre 2022 par la NASA visant à tester l'efficacité de la technologie de déviation de la trajectoire d'un astéroïde susceptible de frapper la terre ?**

❍ **a.** DART ❍ **b.** SARS
❍ **c.** LAST ❍ **d.** BUST

181 **En 2023 est commémoré le début de l'édification de l'abbatiale romane du Mont-Saint-Michel. En quelle année cette construction a-t-elle débuté ?**

❍ **a.** 623 ❍ **b.** 823
❍ **c.** 1 023 ❍ **d.** 1 223

182 En août 2022, Elon Musk annonce vouloir révolutionner la connexion internet. Qu'est-ce que le projet Starlink développé par SpaceX ?

❍ **a.** Le lancement d'une sonde chargée de se rapprocher le plus possible du soleil
❍ **b.** Le lancement de satellites afin de couvrir le monde entier par Internet
❍ **c.** Le développement d'une base fixe sur la lune
❍ **d.** Le développement d'une station spatiale qui se substitue à l'ISS

183 En 2023, quel pays européen rémunère le mieux ses enseignants ?

❍ **a.** Le Luxembourg ❍ **b.** L'Allemagne
❍ **c.** La France ❍ **d.** Les Pays-Bas

184 En 2023, un État américain, le Wyoming, a annoncé vouloir interdire…

❍ **a.** Les voitures électriques
❍ **b.** Le survol de son territoire par toutes les compagnies aériennes non américaines
❍ **c.** Les voitures thermiques
❍ **d.** La traversée de ses villes de plus de 20 000 habitants par les véhicules de transport de plus de 15 tonnes

185 En 2023, quelle est la part du charbon dans le mix énergétique chinois ?

❍ **a.** 31 % ❍ **b.** 46 %
❍ **c.** 52 % ❍ **d.** 63 %

186 Quelle artiste devient l'artiste la plus couronnée de l'histoire des récompenses de la musique américaine aux 65e Grammy Awards en février 2023 ?

❍ **a.** Adele
❍ **b.** Christina Aguilera
❍ **c.** Beyoncé
❍ **d.** Madonna

187 **Quelle artiste américaine a remporté le Grammy de la chanson de l'année aux 65e Grammy Awards en février 2023 ?**

❍ **a.** Adele ❍ **b.** Beyoncé
❍ **c.** Bonnie Raitt ❍ **d.** Taylor Swift

188 **Quelle est la plus longue ligne ferroviaire en activité dans le monde en 2023 ?**

❍ **a.** Shanghai à Lhassa ❍ **b.** Toronto à Vancouver
❍ **c.** Sydney à Perth ❍ **d.** Moscou à Vladivostok

189 **En 2023, quelle est la ligne commerciale aérienne sans escale en activité la plus longue au monde ?**

❍ **a.** Auckland à Doha
❍ **b.** New York à Singapour
❍ **c.** Perth à Londres
❍ **d.** Chicago à Buenos Aires

190 **Quel est le pays au monde (hors France) qui compte en 2023 le plus de francophones ?**

❍ **a.** L'Algérie ❍ **b.** Le Maroc
❍ **c.** Le Canada ❍ **d.** Le Congo

191 **En 2023, le gouvernement français teste un mécanisme spécifique destiné à vérifier l'âge des internautes pour l'accès aux sites pornographiques. Quel est ce dispositif ?**

❍ **a.** La demande parentale
❍ **b.** L'envoi du scan de la carte nationale d'identité
❍ **c.** La demande d'autorisation de la part des opérateurs de téléphonie
❍ **d.** Un « double anonymat »

192 **Selon l'ADEME, quelle est la source de production d'électricité la plus polluante en termes de grammes équivalent CO_2 par kilowattheure en France en 2023 ?**

❍ **a.** Le charbon ❍ **b.** L'éolien
❍ **c.** Le gaz ❍ **d.** Le nucléairet

193 **En raison de la guerre en Ukraine, la route de la soie ferroviaire entre la Chine et l'Europe a dû être partiellement détournée. Quel pays profite principalement de ce nouveau tracé ?**

❍ **a.** La Turquie ❍ **b.** La Grèce
❍ **c.** La Pologne ❍ **d.** La Roumanie

194 **En 2022, la Chine étend son infrastructure ferroviaire de trains à grande vitesse en Asie du Sud-Est. Quel pays s'est particulièrement positionné pour devenir le hub logistique de la zone ?**

❍ **a.** Le Vietnam ❍ **b.** La Birmanie
❍ **c.** Le Laos ❍ **d.** La Thaïlande

195 **Quel pays possède, en 2023, le plus grand nombre de sites classés au patrimoine mondial de l'UNESCO ?**

❍ **a.** La France ❍ **b.** L'Italie
❍ **c.** La Chine ❍ **d.** La Grèce

196 **Selon une étude de la Drug Enforcement Administration, une agence fédérale chargée de lutter contre le trafic et la distribution de drogues aux États-Unis, publiée en 2023, les deux tiers des décès enregistrés pour usage de drogues sont le fait d'une drogue ; laquelle ?**

❍ **a.** La cocaïne ❍ **b.** Le crack
❍ **c.** Le fentanyl ❍ **d.** Le LSD

197 **L'Exposition universelle prévue en 2025 se tiendra à :**

❍ **a.** Osaka au Japon
❍ **b.** Canton en Chine
❍ **c.** Médine en Arabie saoudite
❍ **d.** Buenos Aires en Argentine

198 **En 2023, une technologie particulière, Lidar, a permis de faire une très importante découverte archéologique (près de 1 000 restes de sites). Dans quel pays a-t-elle été effectuée ?**

❍ **a.** L'Égypte ❍ **b.** Le Guatemala
❍ **c.** Le Salvador ❍ **d.** La Syrie

CORRIGÉS

1 **a**	2 **b**	3 **d**	4 **a**	5 **a**	6 **c**	7 **b**	8 **d**	9 **b**	10 **b**
11 **d**	12 **d**	13 **c**	14 **a**	15 **c**	16 **c**	17 **a**	18 **b**	19 **b**	20 **b**
21 **c**	22 **b**	23 **c**	24 **a**	25 **d**	26 **c**	27 **b**	28 **c**	29 **b**	30 **a**
31 **b**	32 **b**	33 **a**	34 **c**	35 **a**	36 **a**	37 **c**	38 **a**	39 **c**	40 **c**
41 **b**	42 **d**	43 **b**	44 **c**	45 **b**	46 **a**	47 **b**	48 **d**	49 **d**	50 **a**
51 **c**	52 **b**	53 **d**	54 **c**	55 **b**	56 **a**	57 **b**	58 **c**	59 **c**	60 **b**
61 **a**	62 **b**	63 **a**	64 **a**	65 **d**	66 **b**	67 **b**	68 **c**	69 **c**	70 **b**
71 **b**	72 **c**	73 **b**	74 **a**	75 **a**	76 **c**	77 **a**	78 **d**	79 **a**	80 **a**
81 **b**	82 **a**	83 **d**	84 **d**	85 **b**	86 **a**	87 **b**	88 **d**	89 **d**	90 **d**
91 **d**	92 **a**	93 **d**	94 **d**	95 **a**	96 **b**	97 **d**	98 **b**	99 **c**	100 **d**
101 **d**	102 **b**	103 **d**	104 **b**	105 **a**	106 **b**	107 **c**	108 **b**	109 **c**	110 **d**
111 **c**	112 **c**	113 **b**	114 **b**	115 **b**	116 **c**	117 **c**	118 **b**	119 **b**	120 **c**
121 **d**	122 **a**	123 **a**	124 **c**	125 **a**	126 **b**	127 **d**	128 **c**	129 **c**	130 **b**
131 **a**	132 **d**	133 **b**	134 **c**	135 **b**	136 **c**	137 **d**	138 **b**	139 **a**	140 **c**
141 **d**	142 **c**	143 **b**	144 **a**	145 **b**	146 **b**	147 **a**	148 **c**	149 **a**	150 **d**
151 **c**	152 **d**	153 **d**	154 **c**	155 **d**	156 **c**	157 **c**	158 **c**	159 **b**	160 **a**
161 **a**	162 **a**	163 **a**	164 **c**	165 **a**	166 **a**	167 **c**	168 **a**	169 **d**	170 **a**
171 **b**	172 **d**	173 **d**	174 **a**	175 **a**	176 **b**	177 **d**	178 **b**	179 **a**	180 **a**
181 **c**	182 **b**	183 **a**	184 **a**	185 **d**	186 **c**	187 **c**	188 **d**	189 **b**	190 **d**
191 **d**	192 **a**	193 **a**	194 **c**	195 **b**	196 **c**	197 **a**	198 **b**		

PARTIE 5

SPORT

QCM

1 Quel pays va organiser les Jeux asiatiques d'hiver en 2029 ?

❍ **a.** La Corée du Sud
❍ **b.** Le Japon
❍ **c.** La Nouvelle-Zélande
❍ **d.** L'Arabie saoudite

2 En octobre 2022, est décédée une légende de la course de la Route du Rhum à la voile. De qui s'agit-il ?

❍ **a.** Michel Malinovsky ❍ **b.** Mike Birch
❍ **c.** François Gabart ❍ **d.** Philippe Poupon

3 À l'occasion du match entre l'Allemagne et le Costa Rica lors de la Coupe du monde de football au Qatar en 2022, la FIFA a innové. En quoi consiste cette nouveauté ?

❍ **a.** Les hymnes nationaux n'ont pas été joués avant le match
❍ **b.** Pour la première fois, une femme arbitre un match d'une Coupe du monde de football masculin
❍ **c.** Une tribune complète était réservée aux femmes
❍ **d.** Il a été testé deux arbitres sur le terrain

4 Lionel Messi a obtenu, en 2023, le Ballon d'or. Qui récompense le Ballon d'or ?

❍ **a.** La FIFA ❍ **b.** Le journal *France Football*
❍ **c.** L'UEFA ❍ **d.** Le journal *Il Corriere dello Sport*

5 Quel est le score de la finale de la Coupe du monde de football au Qatar entre l'Argentine et la France ?

❍ **a.** 2-2 ❍ **b.** 3-2 ❍ **c.** 3-3 ❍ **d.** 4-2

6 Quel a été le meilleur buteur de la Coupe du monde de football au Qatar ?

❍ **a.** Julián Alvárez ❍ **b.** Olivier Giroud
❍ **c.** Kylian Mbappé ❍ **d.** Lionel Messi

7 À l'issue de la Coupe du monde de football au Qatar, quel est le meilleur buteur de l'histoire de la Coupe du monde ?

❍ **a.** Just Fontaine ❍ **b.** Miroslav Klose
❍ **c.** Kylian Mbappé ❍ **d.** Pelé

8 Qui a remporté la Coupe Davis de tennis en novembre 2022 à Málaga ?

❍ **a.** Le Canada ❍ **b.** L'Espagne ❍ **c.** La Russie ❍ **d.** La Serbie

9 Le joueur de football brésilien, Pelé, est décédé en décembre 2022. Combien a-t-il remporté de coupes du monde ?

❍ **a.** 0 ❍ **b.** 1 ❍ **c.** 2 ❍ **d.** 3

10 Quel est le seul club brésilien dans lequel a joué Pelé ?

❍ **a.** Flamengo ❍ **b.** Fluminense
❍ **c.** Santos Futebol Clube ❍ **d.** Vasco de Gama

11 En 2022, suite à l'invasion de l'Ukraine par la Russie, l'UEFA a exclu la Russie de l'Euro féminin de football. Quel pays l'a remplacée ?

❍ **a.** L'Italie ❍ **b.** Le Portugal ❍ **c.** La Suède ❍ **d.** La Suisse

12 En 2023, Manchester City a remporté la Ligue des Champions de football. Combien de fois ce club l'a-t-il remporté dans son histoire ?

❍ **a.** 1 fois ❍ **b.** 3 fois ❍ **c.** 5 fois ❍ **d.** 7 fois

13 En 2022, le tennisman Rafael Nadal a remporté deux tournois du Grand Chelem. Quelle compétition majeure n'a-t-il jamais gagnée ?

❍ **a.** Les Jeux olympiques ❍ **b.** Le Master de fin d'année
❍ **c.** La Coupe Davis ❍ **d.** Wimbledon

14 À l'occasion de quel marathon Eliud Kipchoge a-t-il battu le record du monde de la discipline ?

❍ **a.** Le marathon de Berlin ❍ **b.** Le marathon de Londres
❍ **c.** Le marathon de New York ❍ **d.** Le marathon de Tokyo

15 **Quel est le nom donné aux mascottes pour les JO 2024 à Paris ?**

❍ **a.** Les bonnets ❍ **b.** Les phryges
❍ **c.** Les bérets ❍ **d.** Les baguettes

16 **Quelle équipe de basketball a remporté le championnat NBA en 2023 ?**

❍ **a.** Les Los Angeles Lakers ❍ **b.** Les Nuggets de Denver
❍ **c.** Les Milwaukee Bucks ❍ **d.** Les Chicago Bulls

17 **Quel joueur de tennis a pris sa retraite en septembre 2022 ?**

❍ **a.** Novak Djokovic ❍ **b.** Roger Federer
❍ **c.** Gaël Monfils ❍ **d.** Rafael Nadal

18 **Combien de médailles la France a-t-elle obtenu lors des Jeux olympiques d'hiver à Pékin en 2022 ?**

❍ **a.** 6 ❍ **b.** 9 ❍ **c.** 14 ❍ **d.** 18

19 **En 2023, Lionel Messi a remporté le Ballon d'Or. Lequel de ces quatre footballeurs français n'a pas remporté cette récompense ?**

❍ **a.** Just Fontaine ❍ **b.** Raymond Kopa
❍ **c.** Jean-Pierre Papin ❍ **d.** Zinedine Zidane

20 **Qui a remporté le Tour d'Espagne 2023 ?**

❍ **a.** Juan Ayuso ❍ **b.** Sepp Kuss
❍ **c.** Enric Mas ❍ **d.** Alejandro Valverde

21 **Quelle nation a terminé dernière de la Coupe du Monde de football 2022 ?**

❍ **a.** L'Arabie saoudite ❍ **b.** Le Canada
❍ **c.** Le Pays de Galles ❍ **d.** Le Qatar

22 **Qui a été champion du monde du 100 mètres en 2023 ?**

❍ **a.** Trayvon Bromell ❍ **b.** Fred Kerley
❍ **c.** Erriyon Knighton ❍ **d.** Noah Lyles

23 **Quel club de rugby a remporté le Top 14 en 2023 ?**

❍ **a.** Le Castres Olympique
❍ **b.** Montpellier HR
❍ **c.** Le Stade rochelais
❍ **d.** Le Stade toulousain

24 **En 2023, quelle équipe est devenue Champion d'Europe de rugby ?**

❍ **a.** Bath
❍ **b.** Toulouse
❍ **c.** La Rochelle
❍ **d.** Saracens

25 **Fin décembre 2022, le club de football professionnel de Lyon, l'Olympique Lyonnais, a été racheté par un homme d'affaires ; qui ?**

❍ **a.** Frank McCourt
❍ **b.** Nasser al-Khelaïfi
❍ **c.** John Textor
❍ **d.** Roman Abramovitch

26 **On parle de la « Galaxie Textor » pour désigner l'ensemble des clubs que détient le propriétaire de l'OL. Début 2023, lequel de ces clubs n'en fait pas partie ?**

❍ **a.** Atlético de Madrid
❍ **b.** Botafogo
❍ **c.** Crystal Palace
❍ **d.** RWD Molenbeek

27 **Début 2023, combien de clubs de football français sont cotés en Bourse ?**

❍ **a.** 0
❍ **b.** 1 (OL)
❍ **c.** 2 (OL et OM)
❍ **d.** 3 (LOSC, OL et OM)

28 **En février 2023, le plus grand quarterback de l'histoire du football américain, a annoncé prendre sa retraite. De quel joueur s'agit-il ?**

❍ **a.** Tom Brady
❍ **b.** Terry Bradshaw
❍ **c.** Brett Favre
❍ **d.** Joe Montana

29 **Quelle équipe de football a été sanctionnée sportivement (de 15 points), en 2023, pour avoir eu recours à des manipulations comptables pour améliorer son bilan ?**

❍ **a.** Inter Milan
❍ **b.** Juventus Turin
❍ **c.** Manchester United
❍ **d.** Real Madrid

30 **Dans quelle ville se dérouleront les JO de 2032 ?**

❍ **a.** Melbourne ❍ **b.** Brisbane
❍ **c.** Sydney ❍ **d.** Oakland

31 **Quel club de football a remporté la Coupe du monde des clubs en février 2023 ?**

❍ **a.** Al-Hilal ❍ **b.** Flamengo
❍ **c.** Manchester United ❍ **d.** Real Madrid

32 **En 2023, une Française est devenue la skieuse de bosses la plus titrée de l'histoire aux Mondiaux. Qui est-ce ?**

❍ **a.** Coralie Frasse Sombet ❍ **b.** Perrine Laffont
❍ **c.** Romane Miradoli ❍ **d.** Tessa Worley

33 **Qui a été élu, aux Trophées FIFA Best 2023, meilleur joueur de l'année 2022 ?**

❍ **a.** Karim Benzema ❍ **b.** Kylian Mbappé
❍ **c.** Robert Lewandowski ❍ **d.** Lionel Messi

34 **Qui a été élu, aux Trophées FIFA Best 2023, meilleure joueuse de l'année 2022 ?**

❍ **a.** Mary Earps ❍ **b.** Beth Mead
❍ **c.** Alexia Putellas ❍ **d.** Sarina Wiegman

35 **En 2023 est décédé le joueur de football Just Fontaine. Pourquoi est-il célèbre ?**

❍ **a.** Il était le capitaine de l'équipe qui a remporté deux fois la Coupe d'Europe
❍ **b.** Il détient le record des sélections en équipe de France
❍ **c.** Il est le meilleur buteur français de l'histoire lors des Coupes d'Europe
❍ **d.** Il est le meilleur buteur de l'histoire lors d'une seule édition de Coupe du monde

36 **Dans quel club Just Fontaine a-t-il principalement joué ?**

❍ **a.** Manchester United ❍ **b.** Paris Football Club
❍ **c.** Real Madrid ❍ **d.** Stade de Reims

37 **Le 11 mars 2023, l'équipe de France masculine de rugby a infligé une défaite historique à l'Angleterre sur ses terres ; quel a été le score du match ?**

❍ **a.** 53-10 ❍ **b.** 66-23
❍ **c.** 40-0 ❍ **d.** 50-7

38 **En mars 2023 est décédé un athlète américain qui a marqué l'histoire de son sport, Dick Fosbury. Pour quoi est-il connu ?**

❍ **a.** Il s'agit du plus grand marqueur de la NBA américaine de l'histoire
❍ **b.** Il a « inventé » le saut en hauteur en dorsal
❍ **c.** C'est le premier coureur du 100 mètres à être descendu en dessous des 10 secondes
❍ **d.** C'est l'athlète qui a remporté le plus de médailles d'or aux Jeux olympiques

39 **Quel basketteur français entre, en 2023, au Hall of Fame de la NBA ?**

❍ **a.** Tariq Abdul-Wahad
❍ **b.** Rudy Gobert
❍ **c.** Tony Parker
❍ **d.** Victor Wembanyama

40 **En juin 2023 se sont tenus à Vichy les Virtus Global Games. En quoi consiste cette compétition sportive internationale de jeux ?**

❍ **a.** C'est une compétition entre athlètes ayant une déficience intellectuelle
❍ **b.** C'est une compétition de plusieurs e-sports
❍ **c.** C'est une compétition entre athlètes apatride
❍ **d.** C'est une compétition entre athlètes transgenres

41 **La finale 2023 de la Ligue des Champions de football a opposé Manchester City et l'Inter Milan. Qui est le propriétaire de l'Inter Milan ?**

❍ **a.** Abu Dhabi United Group for Development and Investment
❍ **b.** Gazprom
❍ **c.** Qatar Sports Investments
❍ **d.** Suning Holdings Group

42 **Quelle équipe a gagné la Coupe d'Europe des Champions de football en 2023 ?**

❍ **a.** Inter Milan ❍ **b.** Manchester City
❍ **c.** Manchester United ❍ **d.** Real Madrid

43 **Qui a remporté le tournoi de Roland Garros 2023 chez les hommes ?**

❍ **a.** Alcaraz ❍ **b.** Djokovic
❍ **c.** Ruud ❍ **d.** Zverev

44 **Silvio Berlusconi a été, de 1986 à 2017, propriétaire d'un club de football italien. Lequel ?**

❍ **a.** AC Milan ❍ **b.** AS Rome
❍ **c.** Juventus Turin ❍ **d.** Inter Milan

45 **Quelle équipe a remporté le titre de Champion de la NBA en juin 2023 ?**

❍ **a.** Les Boston Celtics ❍ **b.** Les Nuggets de Denver
❍ **c.** Les Golden State Warriors ❍ **d.** Le Miami Heat

46 **Qui a racheté en 2023 le club de football de Manchester United ?**

❍ **a.** Le Cheikh Hamad ben Jassim al-Thani, dirigeant de la Qatar Islamic Bank (QIB)
❍ **b.** Le groupe privé Abou Dabi United Group
❍ **c.** Le groupe Ineos
❍ **d.** Roman Arkadievitch Abramovitch

47 **Qui a remporté le tournoi masculin de Wimbledon en 2023 ?**

❍ **a.** Carlos Alcaraz ❍ **b.** Novak Djokovic
❍ **c.** Rafael Nadal ❍ **d.** Stanislas Wawrinka

48 **Qui a remporté le Tour de France en 2023 ?**

❍ **a.** Tadej Pogačar ❍ **b.** Jonas Vingegaard
❍ **c.** Adam Yates ❍ **d.** Simon Yates

49 **Quelle équipe remporte la Coupe du monde féminine de football 2023 ?**

- ❍ **a.** L'Angleterre
- ❍ **b.** L'Australie
- ❍ **c.** L'Espagne
- ❍ **d.** Le Portugal

50 **Qui est champion du monde cycliste homme en 2023 ?**

- ❍ **a.** Mathieu Van der Poel
- ❍ **b.** Christophe Laporte
- ❍ **c.** Remco Evenepoel
- ❍ **d.** Tadej Pogačar

51 **Aux Jeux olympiques de Paris 2024, combien y a-t-il de sponsors « mondiaux » ?**

- ❍ **a.** 8
- ❍ **b.** 11
- ❍ **c.** 14
- ❍ **d.** 20

52 **À l'occasion des Jeux olympiques de Paris en 2024, où se tiendront les compétitions de surf ?**

- ❍ **a.** Lacanau
- ❍ **b.** Biarritz
- ❍ **c.** La Torche
- ❍ **d.** Tahiti

53 **Qui est l'organisateur du Tour de France cycliste ?**

- ❍ **a.** Le journal *L'Équipe*
- ❍ **b.** Le groupe Lagardère
- ❍ **c.** Le journal *Le Parisien libéré*
- ❍ **d.** Amaury Sport Organisation

54 **Qui est, en 2023, le président du Comité international olympique ?**

- ❍ **a.** Comte Jacques Rogge
- ❍ **b.** Juan Antonio Samaranch
- ❍ **c.** Anita DeFrantz
- ❍ **d.** Thomas Bach

55 **Qui est, en 2023, le président de la FIFA ?**

- ❍ **a.** Michel Platini
- ❍ **b.** Gianni Infantino
- ❍ **c.** Sepp Blatter
- ❍ **d.** João Havelange

CORRIGÉS

1 **d**	2 **b**	3 **b**	4 **b**	5 **c**	6 **c**	7 **a**	8 **a**	9 **d**	10 **c**
11 **b**	12 **a**	13 **b**	14 **a**	15 **b**	16 **b**	17 **b**	18 **c**	19 **a**	20 **b**
21 **d**	22 **d**	23 **d**	24 **c**	25 **c**	26 **a**	27 **a**	28 **a**	29 **b**	30 **b**
31 **d**	32 **b**	33 **d**	34 **c**	35 **d**	36 **d**	37 **a**	38 **b**	39 **c**	40 **a**
41 **d**	42 **b**	43 **b**	44 **a**	45 **b**	46 **a**	47 **a**	48 **b**	49 **c**	50 **a**
51 **c**	52 **d**	53 **d**	54 **d**	55 **b**					

Dépôt légal : janvier 2024 – N° éditeur : MAGSI20230039 - N° Imprimeur : 122377215

Achevé d'imprimer en janvier 2024 en France par Présence Graphique - Monts

PEFC
10-31-2677

FABRIQUÉ EN FRANCE